Herbert Schnädelbach   Kant

Immanuel Kant (1724–1804) wirkt auf viele ehrfurchtgebietend und einschüchternd. Wer weiß
schon, was das Wort »transzendental« bedeutet oder
was er mit dem legendären »Ding an sich« meinte?
Auf der anderen Seite kennt fast jeder Kants
berühmte Definition von Aufklärung als »Ausgang
des Menschen aus seiner selbstverschuldeten
Unmündigkeit«.
Im philosophischen Diskurs ist Kant, den Schnädelbach als den klassischen Philosophen der Moderne
kennzeichnet, allgegenwärtig, an seinen berühmten
vier Fragen kommt auch heute keiner vorbei: »Was
kann ich wissen? Was soll ich tun? Was darf ich
hoffen? Was ist der Mensch?«

Herbert Schnädelbach, geboren 1936, war bis zu
seiner Emeritierung 2002 Professor für Philosophie
an der Humboldt-Universität.
Buchpublikationen u. a.: *Philosophie in Deutschland
1831–1933*, 1983; *Analytische und postanalytische
Philosophie. Vorträge und Abhandlungen 4*, 2004;
gemeinsam mit Ekkehard Martens (Hg.):
Philosophie. Ein Grundkurs, 1985, Neuausg. in
2 Bänden, 7. Aufl. 2003.

Grundwissen Philosophie

Kant

von

Herbert Schnädelbach

RECLAM
LEIPZIG

Besuchen Sie uns im Internet:
www.reclam.de

© Reclam Verlag Leipzig, 2005
Reclam Bibliothek Leipzig, Band 20124
1. Auflage, 2005
Reihengestaltung Grundwissen Philosophie: Gabriele Burde
Foto auf der Umschlagrückseite © Maria Koettnitz
Gesetzt aus ITC Slimbach
Satz: Reclam Verlag Leipzig
Druck und Bindung: Reclam, Ditzingen
Printed in Germany
ISBN 3-379-20124-3

Inhalt

Für Hanna-Luise

Kant, der klassische Philosoph der Moderne

Im Jahr 2004 jährte sich der Todestag Immanuel Kants zum 200. Mal, und auf vielfältige Weise wurde seiner gedacht. Was für ein Name – kantig und erzprotestantisch! Nicht herzerwärmend wie die Namen Mozarts oder Goethes, sondern ehrfurchtgebietend und einschüchternd. Kant ist schwer und dunkel: Wer weiß schon, was das Wort »transzendental« bedeutet oder was er mit dem legendären »Ding an sich« meinte? Und dann erscheint Kant vielen als der Philosoph mit dem erhobenen Zeigefinger, der die Pflicht um ihrer selbst willen eingefordert haben soll – typisch deutsch also – und deswegen sogar in die Geschichte des Präfaschismus eingeordnet wurde. (Vgl. Ebbinghaus 81 ff.) In jüngerer Zeit wurde er überdies als rationalistisches Monstrum hingestellt, dessen Lebenslauf zeige, wohin zu viel Vernunft führt. (Vgl. Böhme/Böhme)
Überhaupt dienen die skurrilen Geschichten über den alten und senil gewordenen Kant bis heute dazu, sich seiner zu erwehren und aus seinem Schatten zu entfliehen: »Seht, er war auch nur ein Mensch!« So ist das öffentliche Andenken an ihn wohl mehr Pflicht als Neigung, eine publizistische Verpflichtung, die dem allgemeinen Kulturkalender folgt, und da wäre es blamabel, wenn man eine Geistesgröße vergessen hätte.
Ganz anders verhält es sich im philosophischen Diskurs; die daran teilnehmen, braucht man nicht an Kant zu erinnern. Hier ist er allgegenwärtig, und zwar mit einer Selbstverständlichkeit, die nicht leicht zu erklären ist. Nimmt man einmal Platon aus, für den Ähnliches gilt, so fällt auf: Keiner unserer »Großen«, von Aristoteles bis Hegel, Nietzsche und Heidegger, kann so unumstritten beanspruchen, im Kontext unseres eigenen Denkens zu Wort zu kommen wie Kant, und darum füllen Arbeiten über ihn ganze Bibliotheken; nicht die Forschung erhält Kant am Leben, sondern Kant die Forschung und damit

zahllose Forscher in Amt und Brot. Goethe und Schiller sagten dazu: »Wie doch ein einziger Reicher so viele Bettler in Nahrung/Setzt! Wenn die Könige bau'n, haben die Kärrner zu tun.« (Goethe I, 210) Sein Werk hat alles überlebt, was seitdem als philosophische Revolution daherkam, und trotz seiner Verwurzelung im 18. Jahrhundert bewies es immer erneut, dass es unüberholbar ist. Nicht dass wir alle seine Antworten und Auskünfte einfach übernehmen könnten, aber was Kant sagte, fordert bis heute ständiges Gehör; kein anderer Philosoph wurde so oft »überwunden«, um sich danach bald wieder unüberhörbar zu Wort zu melden.

Was nicht veralten will, nennen wir »klassisch«. In diesem Sinne ist Platon der klassische Philosoph schlechthin; durch ihn wissen wir überhaupt erst, was Philosophie ist. Wir lesen ihn nicht wegen seiner positiven Theorien, die schon sehr lange nicht mehr zu überzeugen vermögen, sondern wegen der rätselhaften und unausschöpflichen Kraft seiner Schriften, unser eigenes Fragen anzuregen und zu bereichern. Überhaupt sind wohl die Fragen der Philosophie bestes Teil. Kant schreibt dazu: »Es ist schon ein großer und nötiger Beweis der Klugheit oder Einsicht, zu wissen, was man vernünftiger Weise fragen solle« (B 82), und er erbrachte selbst diesen Beweis in Form der berühmten vier Fragen, auf die sich ihm zufolge das gesamte »Feld der Philosophie« bringen lässt: »Was kann ich wissen? Was soll ich tun? Was darf ich hoffen? Was ist der Mensch?« (Log A 25) Das sind klassische Fragen, weil nicht zu sehen ist, wie man es als Philosophierender unterlassen könnte, sie zu stellen. Im Unterschied zu Platon können wir aber bei Kant das, was er lehrte, nicht einfach auf sich beruhen lassen; seine Antworten gehen uns unvermindert an, und darum blieb es keinem bedeutenden Philosophen seit Kants Lebzeiten erspart, sich auch dann zuerst einmal mit ihm zu befassen, wenn er sich von ihm abwenden wollte. Es bleibt uns nichts anderes übrig, als die Philosophiegeschichte in die Zeit »vor Kant« und »nach Kant« einzuteilen, und wir denken alle, wenn wir nicht bloß Philosophiehistoriker sein wollen,

»nach Kant«, d. h. unter Bedingungen, die er ermittelt und zu respektieren gelehrt hat.

So ist Kant der philosophische Klassiker unserer Epoche – der klassische Philosoph der Moderne. Und doch ist Kant nicht modern im Sinne dessen, was gerade in Mode ist; sein Denken ist nicht der »letzte Schrei«, nicht der Inbegriff des Neuesten und Fortgeschrittensten, denn manches davon hat sich inzwischen als zeitbedingt und wissenschaftsgeschichtlich überholt erwiesen. »Moderne« kann hier nur als der *Zustand* gemeint sein, den unsere Kultur im Zuge der Neuzeit schließlich angenommen hat. Es ist Kants epochale Leistung, erkannt zu haben, was Modernität für unsere Orientierung im Bereich der Grundsätze unseres Denkens, Erkennens und Handelns bedeutet, und dies betrifft die Art der Fragen ebenso wie die Möglichkeiten und Grenzen ihrer Beantwortung. Wir können heute relativ unumstritten drei Strukturmerkmale angeben, die moderne Kulturen kennzeichnen: *vollständige Reflexivität*, *Profanität* und *Pluralität*, und bei Kant lässt sich beobachten, wie sich diese Trias in geradezu unwiderstehlicher Weise auch im Innenraum einer Philosophie durchsetzt, die an der Zeit ist und ihre Zeit in Gedanken erfasst.

Seitdem es Menschen gibt, leben sie als Kulturwesen, aber das wussten sie sehr lange Zeit nicht. Kulturen sind *reflexiv*, wenn sie sich vom bloß Natürlichen zu unterscheiden wissen und damit als Kulturen erfassen; die Unterscheidung zwischen der Menschenwelt und einem »Draußen« wird in elementarer Form bereits in den Mythologien getroffen, und sie ist auch die Wurzel des uns geläufigen Begriffs der Natur. (Vgl. Schnädelbach 1991, 517f.) *Vollständig reflexiv* sind Kulturen, wenn sie sich bei ihrer Selbstinterpretation nicht länger auf etwas beziehen können, was Kultur und damit menschlicher Verfügung entzogen wäre – seien es Dämonen, Götter oder »die« Natur. So ist in der Moderne die Kultur in allen Dingen ganz auf sich selbst verwiesen; sie ist ihr eigenes Subjekt, denn es gibt hier keine höhere Instanz als das kulturelle »Wir«. Dass Kant gleichwohl die klassischen philosophischen Fragen in der Ich-

Form formuliert, steht dazu nicht im Widerspruch, denn das »Wir« besteht ja, wenn es nicht selbst wieder zur einer mythischen Größe erhoben wird, faktisch aus lauter Einzelnen, die nur deswegen ›wir‹ sagen können, weil sie auch ›ich‹ zu sagen vermögen. So beginnt die Philosophie der Neuzeit seit René Descartes (1596–1650) ganz selbstverständlich mit dem seiner selbst bewussten Ich-Sagen: »*Ego cogito, ergo sum* (Ich denke, also bin ich)«, und dies ist der Raum der philosophischen Reflexion, in der sich die Reflexivität moderner Kulturen spiegelt; die Philosophie in einer Kultur, die sich anschickt, ihre eigene Subjektrolle zu übernehmen, ist notwendig Philosophie der Subjektivität.

Dabei wird zunächst der methodische Ausgang vom individuellen Bewusstsein nicht als Gefährdung der Allgemeingültigkeit der philosophischen Ergebnisse angesehen, weil man bis ins 19. Jahrhundert glaubt, von einer allgemeinen Menschennatur ausgehen zu können, die garantiert, dass das, was ich als Individuum im Medium des »Ich denke« über mich sicher wissen kann, auch für alle anderen gilt; in diesem Sinn spricht auch Kant vom »Bewußtsein überhaupt« (Prol A 82) als dem Garanten des philosophischen Wir-Sagens. Erst durch einen weiteren Aufklärungsschritt wurde es zum Problem: durch den Historismus, der erkennt, dass das, was Menschen über sich wissen, stets durch die jeweiligen historischen und kulturellen Verhältnisse bedingt ist, in denen sie leben; so ersetzt er das kantische »Bewußtsein überhaupt« durch das »historische Bewusstsein«, das als Bewusstsein vom Historischen sich selbst als ein historisches erfasst. (Vgl. Schnädelbach 1983, 51 ff.)

Dieser methodische Individualismus ist freilich keine bloß theoretische Veranstaltung. Wenn man sich fragt, was einen Philosophierenden dazu bewegen könnte, sich gegen allen Common Sense zunächst einmal ganz auf sein Ego und sein Bewusstsein zurückzuziehen, dann finden wir bei Descartes die Antwort: Es ist der *Zweifel* – nicht um des Zweifels willen, sondern auf der Suche nach einem Wissen, das auch subjektiv

10

gewiss ist. Subjektive Gewissheit aber meint Autonomie im Wissen, unabhängig von der Macht der Traditionen und Autoritäten, und damit etwas eminent Praktisches, nämlich vernünftige Selbstständigkeit in allen Dingen. So ist die subjektive Vernunft als Prinzip der neuzeitlichen Philosophie notwendig zugleich *kritische* Vernunft, die nichts gelten lassen möchte, was sie nicht selbst einzusehen vermag. Kant zeigte dann, dass dies notwendig die *Selbstkritik* der Vernunft einschließt, dass es also keine vernünftige Philosophie ohne Vernunftkritik geben kann; deswegen die gigantische Arbeit seiner drei »Kritiken« – der reinen Vernunft, der praktischen Vernunft und der Urteilskraft. So reicht die vollständige Reflexivität der Kultur, die sich um 1800 im Westen durchzusetzen beginnt, in Kants Werk bis in die innere Struktur dessen hinein, was die Philosophie als unsere Vernunft zu explizieren versucht.

Vollständig reflexive Kulturen sind zugleich *profane* Kulturen. Profan ist das Weltliche, das was im Vorhof des Heiligen verbleibt, und dies ist bei den Prinzipien kultureller Moderne wirklich der Fall. Hier ist die politische Macht nicht mehr von Gottes Gnaden; sie geht vom Volk aus. Das Rechtssystem vollstreckt nicht länger göttliche Gebote, sondern von Menschen gesetztes Recht, und selbst im Bereich der Moral ist Religion Privatsache. Auch die autonom gewordene kritische Vernunft ist profan; die Philosophen der Neuzeit verstehen sie nicht mehr wie die Stoa und die Scholastik als einen Widerschein der göttlichen Weltvernunft, sondern als eine bloße Naturtatsache; sie mag zwar von Gott geschaffen sein, aber das hat keine Bedeutung mehr für ihre Selbstauslegung. Diese Autonomie der kritischen Vernunft bedeutet jedoch zugleich ein Problem und eine Last. Kant vergleicht die Vernunftkritik mit einem Gerichtsverfahren. (Vgl. B 779) Da es sich dabei um eine Kritik der Vernunft durch die Vernunft selbst handelt, muss sie die verschiedenen Rollen des Angeklagten, Anklägers, Verteidigers und Richters selbst übernehmen; externe Instanzen sind nicht im Spiel. Diese Merkwürdigkeit ist der

Preis für die vollständige Reflexivität der Vernunft unter Bedingungen der Profanität, und er erhöht sich zudem durch die Tatsache, dass es, wenn man das Prinzip der kritischen Vernunft ganz konsequent durchführt, keine Objektivität mehr geben kann, die nicht in der selbstgewissen Subjektivität gründete – eine ziemlich halsbrecherische Situation. Die neuzeitlichen Philosophen vor Kant waren davor noch zurückgeschreckt, und sie suchten Halt für ihr Denken bei Gott als einem höchsten und notwendigen Wesen, dessen Existenz sie glaubten beweisen zu können. Wir können heute kaum noch ermessen, welchen Schock Kants Nachweis für die Mitwelt bedeutete, dass Gottesbeweise prinzipiell unmöglich sind; es ging dabei weniger um den Gott der Bibel, als um den Zusammenbruch einer Weltdeutung, die sich die Perspektive des Absoluten zugetraut hatte. Nach Kant haben wir nur unsere eigene subjektive Vernunft, die als fehlbare ständig der Kritik bedarf; und sie allein muss jetzt die Lasten tragen, die wir uns mit unseren Ansprüchen auf Allgemeingültigkeit und Objektivität aufbürden.

Kant selbst ist der kritische Abschied von dem, was er als dogmatische, d. h. nicht begründbare Metaphysik hinter sich lassen musste, sehr schwer gefallen; dass es keinen Gott geben könne, war für ihn wie für seine Zeitgenossen ein nicht fassbarer Gedanke, und das galt auch für die Unsterblichkeit der Seele sowie für die Willensfreiheit, die bis heute ins neuzeitliche Weltbild deswegen so gar nicht hineinpassen will, weil sie die Naturgesetze außer Kraft zu setzen scheint. Heinrich Heine verglich Kants Widerlegung der Gottesbeweise mit der Französischen Revolution und fand die Hinrichtung des Königs harmlos dagegen, denn jetzt gelte: »der Oberherr der Welt schwimmt unbewiesen in seinem Blute«, und doch sei Kant schließlich umgefallen und habe, um seinen alten Diener Lampe (und wohl auch sich selbst) zu trösten, den toten Gott nachträglich wieder ins Spiel gebracht. (Vgl. Heine, 250 f.) Diese Legende ist seitdem häufig wiederholt worden, ohne dadurch wahrer zu werden. Gott, Freiheit und Unsterblichkeit sind nach Kant keine Prinzipien, auf die sich Wissenschaft und Moral begründen ließen, sondern sie sind nur Postulate, d. h. notwendige Gedanken, die sich uns unwiderstehlich aufdrängen, wenn wir uns als Wesen verstehen, die zu wissenschaftlicher Erkenntnis und zu moralischem Handeln fähig sind. Dass Kant »redlich« ist, sich nichts vormacht und nichts erschleicht, wofür ihm die Gründe fehlen, hat sogar Nietzsche anerkannt, der sonst zu Kant ein ziemlich zwiespältiges Verhältnis unterhielt. Von Kant unterscheidet uns Heutige nur, dass uns der Verlust des Gottesglaubens und der Erwartung eines ewigen Lebens nichts mehr auszumachen scheint; wir können damit ganz gut leben. Und wie ist es mit der Freiheit? Neuerdings wollen die Neurowissenschaftler sie uns ausreden (vgl. Roth/Singer), und solange wir uns dagegen sträuben, bleiben wir gute Kantianer.

Vollständige Reflexivität einer Kultur bedeutet aber nicht nur Profanität, sondern auch *Pluralität*. Wenn Kulturen sich erst einmal als Lebenszusammenhänge begriffen haben, die ohne göttliche Offenbarung und Weisung auskommen müssen, bleibt ihnen nichts anderes übrig, als ihre Weltdeutungen und Handlungsnormen selbst zu erfinden und zu verantworten; die aber sind dann notwendig umstritten, denn es sind ja immer viele, die sich daran beteiligen wollen. Moderne Kulturen sind darum Kulturen ohne eine »natürliche« oder gottgewollte »Mitte«, die menschlicher Verfügung entzogen wäre; in diesem Sinne sind sie *dezentriert*, und sie erhalten sich nur im Zusammenspiel und häufig genug im Konflikt der verschiedenen kulturellen Mächte und Instanzen. Genau in diesem Sinne hat Heinrich Rickert Kant in einem Buch, das zu dessen 200. Geburtstag im Jahre 1924 erschien, als Philosophen der modernen Kultur gefeiert. Darin entwirft er in ausführlichem Rückgriff auf Max Webers Modell der abendländischen Rationalisierung ein Bild der modernen Kultur und spricht Kant das folgende Verdienst zu: »Kant hat als erster Denker in Europa die allgemeinsten theoretischen Grundlagen geschaffen, die wissenschaftliche Antworten auf spezifisch moderne Kulturprobleme überhaupt möglich machen, und insbesondere läßt sich dartun: sein Denken, wie es sich in seinen drei großen Kritiken darstellt, ist in dem Sinn ›kritisch‹, das heißt scheidend und Grenzen ziehend gewesen, daß es dadurch im Prinzip dem Prozeß der Verselbständigung und Differenzierung der Kultur entspricht, wie er sich seit dem Beginn der Neuzeit faktisch vollzogen, aber in der Philosophie vor Kant noch keinen theoretischen Ausdruck gefunden hatte.« (Rickert 141) Verselbststständigung und Differenzierung der Kultur meint das, was Max Weber als Ausdifferenzierung und Autonomisierung von Handlungssystemen und Wertsphären, Lebensformen und Weltbildern beschrieb, an deren Ende der »Polytheismus der Werte« steht, also ein Pluralismus letzter und oberster Lebensorientierungen, in dem sich die menschliche Vernunft zurechtfinden muss. (Vgl. Weber 474 ff., insbes. 500; auch Habermas I, 225 ff.)

Dass moderne Kulturen kein Zentrum mehr aufweisen, von dem her alle Teilbereiche gesteuert werden könnten, wird seit ihrer Entstehung als »Entzweiung«, »Entfremdung« oder »Verlust der Mitte« beklagt; in unserer Tradition war hier vor allem Jean-Jacques Rousseau (1712–1778) der Wortführer. So wurde er zum Stammvater der deutschen Romantik und ihrer Träume von Ganzheit und Versöhnung, die bis in unsere Gegenwart fortdauern. Dabei ist die Romantik selbst ein *modernes* Phänomen. Sie setzt die Erfahrung der Modernität voraus; sie verleugnet sie nicht einfach, möchte sie aber hinter sich lassen. Darum sind romantische Visionen in der Regel weniger bloß nostalgische Beschwörungen eines Vergangenen als vielmehr Vorgriffe auf eine Utopie. Die Philosophie des deutschen Idealismus, die nicht schon mit Kant, sondern erst mit Johann Gottlieb Fichte (1762–1814) beginnt und in Hegels System (Georg Wilhelm Friedrich Hegel, 1770–1831) ihren Gipfelpunkt erreicht, kann man nicht als romantisch bezeichnen; sie kommt aber mit der Romantik darin überein, dass sie die Moderne zwar auf den Begriff bringt, sie aber zugleich in die Perspektive ihrer Überwindung rückt. Kant hingegen erscheint hier wie bei allen Hegelianern bis hin zu Adorno als »Reflexionsphilosoph« (vgl. Hegel 2, 25 ff. und 287 ff.), d. h. als ein Denker, der vor der eigentlichen Aufgabe der Philosophie, das Wahre als das Ganze zu begreifen (vgl. Hegel 3, 24), resigniert und sich verstockt in seiner Subjektivität eingerichtet hat.

Inzwischen sollten uns spätestens die Erfahrungen des Totalitarismus von jenen romantischen Ganzheitssehnsüchten geheilt haben; ihre Anhänger übersehen meist, dass hier nur freiheitsfeindliche Ideologien wie der moderne Fundamentalismus ein Angebot machen können. Wir haben gelernt, dass es die Pluralität, ja sogar die Gegensätzlichkeit der Prinzipien ist, die in der modernen Kultur unsere Freiheiten garantiert; und die Vorstellung, sie müssten sich sämtlich aus einem einzigen Superprinzip ableiten lassen, das womöglich noch von der politischen Macht verwaltet wird, sollte uns schrecken. In der modernen Kultur mit ihrer Pluralität der Prinzipien besteht unsere Freiheit in einer Pluralität von Freiheiten; diese gründen selbst in einer Reihe fundamentaler Unterscheidungen, die in ihrer Gegensätzlichkeit die Modernität unserer Kultur ausmachen. Aus dem, was ist, folgt nicht, was sein soll; also hat die Wissenschaft nicht die Kompetenz, uns zu sagen, was wir tun sollen. Moral und Politik stehen auf eigenen Füßen, und die Diktatur von Theoretikern ist ausgeschlossen, was umgekehrt Wissenschaftsfreiheit bedeutet. Moral und Politik bedürfen ihrerseits keiner religiösen Basis, was wiederum die Religion von der Zumutung entlastet, die Menschen Mores lehren zu sollen. Die Künste sind nicht länger die Mägde von Religion und Moral, und ihre politische Instrumentalisierung, an der in prämodernen Zeiten niemand Anstoß nahm, gilt jetzt als ästhetischer Frevel. All dies hat Kant wie keiner vor ihm auf den Begriff gebracht und auf Argumente gegründet, die auch heute noch standhalten; auch darum ist er der klassische Philosoph der Moderne.

Die Frage ist freilich, ob die moderne Pluralität nicht doch eines inneren Zusammenhaltes bedarf; in der Tat kann sie nicht das letzte Wort sein, wenn wir den möglichen Konflikt zwischen den verschiedenen Prinzipien bedenken, der oft genug in offenen Krieg übergeht. Kants Moralprinzip, der Kategorische Imperativ, bietet hier einen Ausweg. Er wurde seit Hegel (vgl. 2, 461 ff.) immer wieder als *formalistisch* gescholten, und es wurde behauptet, man könne mit ihm alles und jedes, und sei es das Verbrechen, moralisch rechtfertigen und zur Pflicht erheben. (Vgl. Ebbinghaus, insbes. 85 ff.) Dies schien nach dem Ende des Zweiten Weltkriegs zu erklären, warum die kantianischen Deutschen Hitler pflichtbewusst bis in den Untergang folgten. Tatsächlich ist der Kategorische Imperativ *formal*, er lässt uns unsere jeweiligen Handlungsgrundsätze, die er »Maximen« nennt, fordert uns aber auf zu prüfen, ob wir sie als allgemeingültige Gesetze denken und wollen könnten, und nur dann seien sie moralisch. Das hat mit Formalismus nichts zu tun, denn bei solcher Prüfung scheiden viele Maximen als unmoralisch aus. Das Formale der kantischen Ethik aber hat den Vorteil, dass es uns die Entscheidung darüber, wie wir leben wollen, selbst überlässt, und uns nur dazu verpflichtet zu überlegen, ob dies mit der freien Entscheidung anderer, die anders ausfällt, verträglich ist oder nicht. Aus solchen Überlegungen ergibt sich ihm zufolge der Gedanke einer formalen Rechtsordnung, die die Menschen nicht bevormundet, sondern nur den Frieden unter ihnen garantiert. So ist Kant der Philosoph des Friedens unter Bedingungen der Moderne, d. h. einer Friedensordnung, die Pluralität eröffnet und lebbar macht.

Diese Einführung versucht, an Kants Philosophie am Leitfaden der großen Unterscheidungen heranzuführen, die sein Denken bestimmten; in ihnen meldete sich die kulturelle Moderne im begrifflichen Medium zu Wort: »Wissenschaft und Aufklärung«, »Ding an sich und Erscheinung«, »Sinnlichkeit und Verstand«, »Verstand und Vernunft«, »Natur und Freiheit«, »Sein und Sollen«, »Pflicht und Neigung«, »Moral, Recht und Politik«, »Wissen und Glauben«, »Die Vernunft und der Mensch«. Sie alle haben immer wieder die »Kantüberwinder«

herausgefordert, weil sie doch nicht das letzte Wort der Philosophie sein könnten; dabei übersahen sie stets, dass die kantischen Gegensätze sämtlich die *Endlichkeit* unserer Vernunft ausdrücken. Das hegelsche Argument, wer Endlichkeit gedacht habe, sei doch schon darüber hinaus, weil man schon Unendlichkeit gedacht haben müsse, um Endlichkeit denken zu können, hat bis heute manche überzeugt, und so glaubten sie, über Kant hinausgehen zu können. Dagegen ist zu sagen: Endlichkeit verweist unter Bedingungen der Moderne nicht mehr der Sache nach, sondern höchstens grammatisch auf die Unendlichkeit. Die Tatsache, dass wir verstehen, was ›unendlich‹ bedeutet, ermächtigt uns noch nicht dazu, unsere Vernunft in dem Sinne für unendlich zu halten, dass wir mit ihr den Gottesstandpunkt einer absoluten Perspektive aller Perspektiven einnehmen könnten. Kant selbst gestand sogar zu, dass wir gar nicht umhinkönnen, das Ganze, das Unendliche, Absolute denkend ins Auge zu fassen, aber wir können nicht damit Erkenntnisansprüche verbinden oder gar unser Leben danach einrichten.

Wissenschaft und Aufklärung

Was ist Aufklärung?

Dass das Verhältnis von Wissenschaft und Aufklärung ein Leitproblem der Philosophie Kants darstellt, liegt nicht auf der Hand. In unserer kulturellen Zeitrechnung fällt seine Lebenszeit in das Jahrhundert, das sich kurz vor seinem Ende selbst als das »Zeitalter der Aufklärung« (Aufkl A 491) bezeichnete. ›Aufklärung‹ wird seitdem meist als Epochenbegriff verwendet; dann erscheint die Aufklärung als ein historisches Phänomen und damit als eine abgeschlossene Angelegenheit. (Vgl. zum Folgenden auch Schnädelbach 2004, 66 ff.) Was aber ist Aufklärung der Sache nach? An Kants berühmter Auskunft, sie sei der »Ausgang des Menschen aus seiner selbstverschuldeten Unmündigkeit« (Aufkl A 481), mag der Ausdruck »selbstverschuldet« irritieren, aber ihr Bezug auf Mündigkeit bringt es auf den Punkt. Nimmt man noch seine These »Die Maxime, jederzeit selbst zu denken, ist die Aufklärung« (Denk A 329) hinzu, so wird klar: Aufklärung ist nicht bloß die Sache einer Epoche, sondern sie findet überall dort statt, wo Menschen beginnen, sich ihres »Verstandes ohne Leitung eines anderen zu bedienen« (Aufkl A 481) und »vernünftige Selbständigkeit« (Mittelstraß 13) im Denken und Handeln anzustreben.

Das war nicht erst bei Descartes der Fall, mit dem wir in der Regel die Philosophie der Neuzeit beginnen lassen und der berichtet, er habe nach vielen Erfahrungen mit der Bildung und Wissenschaft seiner Zeit sich »so gut wie gezwungen« gefunden, seine »Leitung selbst zu übernehmen« (Descartes, Abh 13); schon Sokrates sagt im Dialog *Kriton*: »Denn nicht jetzt nur, sondern schon immer habe ich das an mir, daß ich nichts anderem von mir gehorche als dem Satze (*lógos*), der sich mir bei der Untersuchung als der beste zeigt.« (Platon, Kriton 46b) Damit stellte er sich gegen die Mächte der Tradition, die ihn als Gottlosen und Jugendverderber zum Tode verurteilten, und setzte ganz auf sich selbst und die eigene Einsicht; viele haben auch nach ihm genau dies mit ihrem Leben bezahlt. Die Zeitgenossen wussten nicht zu unterscheiden zwischen ihm und den Sophisten, die ihnen wegen ihrer skeptischen und kritischen Haltung gegenüber den herkömmlichen Überzeugungen und Lebensformen verhasst waren; Protagoras als ihr erster Wortführer hatte sich dem Schicksal des Sokrates durch Flucht entzogen. So spricht man allgemein von der »sophistischen Aufklärung«; die Sophisten waren keineswegs spitzfindige Wortverdreher und philosophische Scharlatane – diesen Ruf verdanken sie erst der Polemik Platons gegen sie –, sondern »starke Geister« (Nietzsche III, 730), die es wagten, sich nicht mehr auf die traditionellen Ansichten, sondern auf ihr eigenes Urteil zu verlassen.

Dass die Aufklärung im nicht bloß historischen Sinn das Reflexivwerden von Kulturen anzeigt, gilt generell. Die neuzeitliche Aufklärung unterscheidet sich freilich von der sophistischen dadurch, dass sie eine systematische Verbindung mit der *Wissenschaft* eingeht. Die Sophistik wandte sich ausdrücklich von dem ab, was damals als Wissenschaft galt, d. h. von der kosmologischen Spekulation der so genannten Vorsokratiker, und forderte die Menschen auf, sich endlich um ihre eigenen, die menschlichen Angelegenheiten zu kümmern. Protagoras hatte mit seinem berühmten Satz »Der (jeder) Mensch ist das Maß aller Dinge, der seienden, daß sie sind, und der nichtseienden, daß sie nicht sind« (Platon, Theätet 152a), dies grundsätzlich zu rechtfertigen versucht; wenn das, was ist und wie es ist, jedem Menschen anders erscheint, ist eine allgemeine Wissenschaft vom Seienden, wie sie die Naturphilosophen vor ihm versucht hatten, sinnlos. Auch Sokrates, wie wir ihn durch Platon kennen, ist an der Natur nicht interessiert: »Felder und Bäume wollen mich nichts lehren, wohl aber die Menschen in der Stadt.« (Platon, Phaidros 230 d) Der platonische Sokrates erkennt aber, dass das Geschäft der Aufklärung bodenlos ist, wenn es auch im Bereich der Menschenwelt nur bei dem *lógos* bleibt, der diesem oder jenem als der jeweils beste erscheint, ohne auch wirklich der beste zu sein; darum sucht er unablässig nach der richtigen Bestimmung dessen, wodurch Haltungen und Handlungen der Menschen fromm, tapfer, gerecht usf. sind, und das ist ihm zufolge das Fromme, Tapfere, Gerechte etc. selbst. Hier entsteht das, was wir als Platons Ideenlehre kennen und was sich dann später auch über den von der Sophistik und Sokrates ignorierten Bereich der theoretischen Philosophie erstreckt. So versuchte Platon in seiner Philosophie, das Erbe der sophistischen und sokratischen Aufklärung mit den Ansprüchen auf Wissenschaftlichkeit zu verbinden.

Kant befindet sich in einer ähnlichen Situation wie vor ihm Platon. 1781, also drei Jahre vor seinem berühmten Aufklärungsaufsatz, schreibt er in der Vorrede zur *Kritik der reinen Vernunft*:»Unser Zeitalter ist das eigentliche Zeitalter der *Kritik*, der sich alles unterwerfen muß. *Religion*, durch ihre *Heiligkeit*, und *Gesetzgebung*, durch ihre *Majestät*, wollen sich gemeiniglich derselben entziehen. Aber alsdenn erregen sie gerechten Verdacht wider sich, und können auf unverstellte Achtung nicht Anspruch machen, die die Vernunft nur demjenigen bewilligt, was ihre freie und öffentliche Prüfung hat aushalten können.« (A XI) Kritik, kritische Prüfung und Beurteilung – das ist die Praxis derer, die nach dem Vorbild von Sokrates und Descartes auf ihrer eigenen Einsicht und damit auf dem Prinzip der *subjektiven* Autonomie im Wissen bestehen; nach Kant ist diese Haltung zur Signatur seines Zeitalters geworden. Was aber sind die Maßstäbe der Kritik, die Kriterien der Beurteilung? Zerstört sich die Aufklärung nicht selbst, wenn sie an dieser Stelle nur die individuellen oder kollektiven Meinungen und Vorlieben der Kritiker aufzubieten hat? Die sophistische Aufklärung hatte ja genau deswegen im Skeptizismus geendet, d. h. in der systematischen Überzeugung des eigenen Nichtwissens, die zwar als Grundlage der eigenen bequemen Lebensführung akzeptabel sein mag, aber keine triftigen Argumente mehr vorzubringen hat gegen das, was mit Machtanspruch den subjektiven Meinungen entgegentritt. Kants Vernunftkritik ist nichts anderes als die Untersuchung der Kriterien, nach denen die Vernunft selbst all das »frei und öffentlich« prüft, um so das zu ermitteln, dem sie »unverstellte Achtung« entgegenzubringen vermag, und das müssen *objektive*, für alle vernünftigen Wesen gültige Maßstäbe sein.

Aufklärung durch Wissenschaft?

Gleichwohl war die neuzeitliche Aufklärung von vornherein nach dem Prinzip »Aufklärung *durch* Wissenschaft« angetreten; das platonische Problem der Verknüpfung der subjektiven Perspektive der Kritik mit der wissenschaftlichen Objektivität schien sich ihr gar nicht erst zu stellen. Sie bestand von Anfang an auf ihrer Allianz mit dem, was als fortgeschrittene Wissenschaft auf dem Markt war. Dies setzte freilich die Kritik dessen voraus, was herkömmlicherweise als Wissenschaft galt, und das war das Erbe der christlichen Scholastik, das den neuzeitlichen Aufklärern in der Form eines dogmatisch verfestigten und mit kirchlicher Autorität ausgestatteten Aristotelismus entgegentrat. Die erste Aufgabe der Aufklärung durch Wissenschaft bestand somit in der kritischen Unterscheidung zwischen authentischer und bloß vermeintlicher Wissenschaft – eine Aufgabe, der sich Descartes in einer Weise widmete, die bis zu Kant und weit über ihn hinaus verbindlich bleiben sollte: Gemeint ist der methodische Zweifel an allem, woran man überhaupt zweifeln kann, um das zu ermitteln, was keinen Zweifel mehr zulässt. Diese »skeptische Methode« beschreibt Kant als die »Art, etwas als ungewiß zu behandeln und auf die höchste Ungewißheit zu bringen, in der Hoffnung, der Wahrheit auf diesem Wege auf die Spur zu kommen« (Log

A 131). Die unbezweifelbare erste Wahrheit glaubte Descartes im »*Ego cogito, ergo sum* (Ich denke [genauer: Mir ist etwas bewusst], also bin ich)« gefunden zu haben, also in den Tiefen der eigenen Subjektivität, und doch hoffte er, auf dieser Grundlage ein zuverlässiges und allgemeingültiges System objektiver Wissenschaft konstruieren zu können.

Was Descartes und seine Nachfolger – vor allem Baruch de Spinoza (1632–1677), Gottfried Wilhelm Leibniz (1646–1716) und Christian Wolff (1679–1754), der die deutsche Philosophie in Kants Jugendzeit dominiert – so sicher macht, dass dieser Weg der Wissenschaft gangbar ist, ist die Lehre von den »eingeborenen Ideen« (*ideae innatae*), d. h. die These, dass wir in unserem Bewusstsein Vorstellungen vorfinden, die wir weder durch die Sinne aufgenommen noch selbst hervorgebracht haben; sie besitzen demzufolge eine eigentümliche Objektivität, die sich als Grundlage für objektive Wissenschaft eignet. Den Inbegriff dieses der bloßen Vernunft oder dem reinen Denken zugänglichen Wissens, auf dem alles übrige Wissen basiert, nennt diese Tradition »Metaphysik« – ganz im Sinne der späteren Verwendung dieser Bezeichnung für das, was Aristoteles »Erste Philosophie« genannt hatte; und auch Kant folgt noch dieser Sprachregelung. Weil diese Erste Philosophie ihren Grund ausschließlich in der Vernunft selbst aufsucht, nennt man sie auch »rationalistisch« und die rationalistische Metaphysik abgekürzt »Rationalismus«. So glaubte die cartesianische Tradition das Verhältnis von Wissenschaft und Aufklärung definitiv geklärt und damit dem Projekt der Aufklärung durch Wissenschaft alle Chancen gesichert zu haben.

Dieses Fundament wurde brüchig, als John Locke (1632 bis 1704) die Lehre von den eingeborenen Ideen mit Erfolg zu widerlegen begann (vgl. Locke I). Auch er ging ganz cartesianisch vor, indem er systematisch mit den ersten unbezweifelbaren Tatsachen des Bewusstseins begann, bestritt aber, dass zu ihnen eingeborene Ideen gehören. Die These, dass alle unsere Vorstellungen aus der sinnlichen Erfahrung stammen, ist das Prinzip des Empirismus (griech. *empeiría* = Erfahrung) im

Sinne der Philosophie John Lockes und seiner Nachfolger. Hier sind vor allem George Berkeley (1685–1753) und David Hume (1711–1776) zu nennen, mit denen sich Kant intensiv befassen musste. Das cartesianische Prinzip der Wissenschaftsbegründung durch methodische Ausschaltung alles Bezweifelbaren und aller Vorurteile wird hier auf den Cartesianismus selbst angewandt; sein metaphysisches Fundament erscheint nunmehr selbst als bezweifelbar und als bloßes Vorurteil; erneut scheint jetzt das Programm der Aufklärung durch Wissenschaft über sich selbst aufgeklärt werden zu müssen. Der Streit um die eingeborenen Ideen wurde hartnäckig zwischen Leibniz und Samuel Clarke (1675–1729) ausgetragen, der die Position John Lockes vertrat, und man kann sagen, dass er die philosophische Bühne des frühen 18. Jahrhunderts vollständig beherrschte. Rationalismus vs. Empirismus – das war ein Konflikt im Lager der Aufklärung selbst, je nachdem, ob man sich weiterhin an Descartes oder an John Locke und ihren späteren Parteigängern orientierte.

Kant erkennt, dass die empiristische Position einen hohen Preis fordert, denn sie kann in Wahrheit die Möglichkeit von *objektiver* Wissenschaft nicht erklären. Bei Descartes war es die eingeborene Idee Gottes als eines existierenden vollkommenen Wesens, die letztlich garantieren soll, dass das, was wir subjektiv als unbezweifelbar klare und deutliche Vorstellung von der Welt erfassen, auch wirklich so ist, wie wir es uns vorstellen – also wahr ist (vgl. Descartes, Med VI). Leibniz hatte unterschieden zwischen den Vernunft- und den Tatsachenwahrheiten, wobei die Ersteren die »notwendigen und ewigen Wahrheiten« sind, in denen die Vernunft sich selbst, Gott und die wahre Struktur der Welt erfasst. (Vgl. Leibniz §§ 29 ff.) Wenn mit den eingeborenen Ideen auch die Vernunftwahrheiten wegfallen, ist das Bewusstsein ganz auf sich und seine bloßen Vorstellungen zurückgeworfen, von denen immer fraglich bleiben wird, ob sie etwas mit der objektiven Welt zu tun haben oder nicht; Erkenntnis ist dann nichts anderes als die Feststellung, ob die Ideen, die letztlich ja nur aus der sinnlichen

Erfahrung stammen, untereinander übereinstimmen oder nicht. (Vgl. Locke IV, I, § 2) Die Konsequenz ist Skepsis, was die Naturwissenschaften betrifft.

Seit Aristoteles war klar, dass wissenschaftliches Wissen beweisbar sein muss, und daran hält auch John Locke fest. Beweisbar aber ist ihm zufolge unser Wissen nur dort, wo wir es ausschließlich mit unseren eigenen Vorstellungen zu tun haben – also in Logik, Mathematik und Morallehre. (Locke IV, IV, insb. §§ 3 ff.) Nun haben wir auch Vorstellungen von der Außenwelt, die aus Erfahrung und Beobachtung stammen, und die mögen wir auch nach logischen und mathematischen Regeln miteinander verknüpfen; ob solche »Beweise« jedoch die Struktur der Außenwelt richtig wiedergeben, können wir nicht wirklich wissen, denn wir können sie nicht mit der Außenwelt selbst vergleichen, weil dies bedeutete, aus unserer Vorstellungswelt herauszutreten, was absurd ist. So müssen wir uns in diesem Bereich mit bloß wahrscheinlichem Wissen zufrieden geben; unsere »Naturkunde läßt sich nicht zu einer Wissenschaft« ausgestalten (Locke IV, XII, § 10), und darum sagt Locke: »Was [...] eine vollkommene Wissenschaft von den natürlichen Körpern betrifft [...], so sind wir, denke ich, so weit davon entfernt, irgendwie dazu fähig zu sein, daß ich es als verlorene Müh betrachte, danach zu streben.« (Locke IV, III, 3 30)

Der Empirismus Lockes, der sich bei Berkeley und Hume zu einem generellen Skeptizismus gegenüber der Erkennbarkeit der objektiven Welt steigerte, lief somit darauf hinaus, das Programm »Aufklärung durch Wissenschaft« aufzugeben, womit seit Francis Bacon (1561–1626) und erst recht bei Descartes immer »Aufklärung durch *Natur*wissenschaft« gemeint war. Gerade die mathematische Naturwissenschaft im Sinne Galileis und Newtons war doch das Paradestück der neuzeitlichen Aufklärungsbewegung, das ihre Überlegenheit gegenüber der scholastischen Tradition begründen sollte; das alles sollte nun bloße »Naturkunde« sein oder bestenfalls bloße Ideenkonstruktion ohne gesicherten Objektbezug?

Kant sah zunächst keinen Grund, diese Überzeugung, so weit sie ihm damals bekannt war, zu teilen. Für ihn stand fest: Die mathematische Naturwissenschaft ist ein Faktum; ihre skeptische Interpretation durch die Empiristen kann nicht die Wahrheit sein. Viel später vertrat Kant die Auffassung, dass »in jeder besonderen Naturlehre nur so viel eigentliche Wissenschaft angetroffen werden könne, als darin Mathematik anzutreffen ist« (MAN A VIII); für ihn existiert eine solche »eigentliche« Naturwissenschaft, aber genau das kann der Empirismus nicht erklären. Er versagt auch, wenn es um Wissenschaft überhaupt geht, denn er gelangt mit seinen Erklärungen immer nur zu bloßen Verallgemeinerungen von Einzelerfahrungen, die jederzeit durch neue Erfahrungen umgestoßen werden können; auf diesem Wege gelangen wir niemals zu »eigentlicher« Wissenschaft. Seit Aristoteles war klar, dass nur das Wissen des »Allgemeinen und der Gründe und Ursachen« (Aristoteles, Met 981a ff.) wissenschaftlich genannt werden kann, wobei die formale Logik das »Organon«, d. h. den Methodenkanon, abgibt; die Philosophie der Neuzeit fügte dem die Systemforderung hinzu: Das wissenschaftliche Wissen muss demzufolge nach dem Vorbild der euklidischen Geometrie in einem strikten Ableitungszusammenhang mit sicheren ersten Prinzipien stehen, weil es nur dadurch den Kriterien der Allgemeinheit und vollständigen Begründung genügt; nur dann ist es »rational«. Für Kant wie schon für Descartes war klar, dass wir solche Prinzipien nicht aus der Erfahrung gewinnen können; wenn es »rationale« Wissenschaft gibt, muss es eine »erste« Wissenschaft geben, die nicht empirisch ist, und genau dies ist im Sprachgebrauch der Zeit die Metaphysik.

Das Spannungsverhältnis von Wissenschaft und Aufklärung hat Kants gesamte wissenschaftliche Biographie bestimmt. Man hat gesagt, Kant habe die Aufklärung »vollendet«, aber das ist irreführend. Er hatte die Kraft, die beiden Hauptströmungen der neuzeitlichen Philosophie, den Rationalismus und den Empirismus, in seinem eigenen Systementwurf zusammenzuführen – nicht auf dem Wege von bloßen Kompromissen, sondern durch kritische Abwägung der berechtigten Ansprüche beider Traditionen; dahin hatte ihn sein Weg vom naiven Vertrauen in die »reine« menschliche Vernunft über die Herausforderungen der Skepsis hin zur kritischen Philosophie schließlich geführt. Dem Rationalismus der leibniz-wolffschen Schulmetaphysik hatte Kant nie ganz vertraut, und er konnte sich andererseits auch nie dazu entschließen, ganz zum Empirismus überzulaufen. Dass es Wissenschaft wirklich gibt und eine tragfähige Basis der Moral tatsächlich existiert, stand für ihn außer Zweifel; es kam also nur darauf an, im Zuge der »skeptischen Methode« diese Grundlagen kritisch zu ermitteln.

So kann man Kants Philosophie als einen transformierten Cartesianismus auffassen, der ohne Rekurs auf eingeborene Ideen die subjektive Perspektive der Aufklärung mit der objektiven der theoretischen und praktischen Wissenschaft zu verbinden unternimmt, sich also nicht wie Descartes selbst mit einer »provisorischen Moral« (Descartes, Abh III, § 1) zufrieden geben möchte und sich überdies auch wissenschaftlich für die Fragen der Kunst und der lebendigen Natur interessiert. Cartesianismus ohne Wissenschaft? Das wäre Aufklärung im Sinne der Popularphilosophie der Zeit, die sich auf den gesunden Menschenverstand als oberste Instanz beruft und sich damit von allen wissenschaftlichen Beweispflichten freispricht, die der Aufklärungsbewegung einmal ihre kulturelle Wirksamkeit sichern sollten. Von einer solchen Verselbstständigung der Aufklärung im »Zeitalter der Kritik«, durch die sie sich der Kritik gerade entzieht, hat sich Kant immer wieder nachdrücklich distanziert.

Auch in einem weiteren Sinn setzt er die Tradition der Aufklärung fort – mit seiner Lehre vom Primat der *praktischen* Philosophie. Dass die Theorie letztlich praktischen Zielen zu dienen hat, ist ein Topos, der auf die griechische Sophistik zurückgeht und die gesamte Philosophie Platons bestimmt hat, von dem man mit Recht sagen kann, es habe für ihn in Wahrheit nur praktische Philosophie gegeben. Dass die Naturwissenschaft vor allem anderen dazu da sei, dem Wohl der Menschen zu dienen, ist die Grundthese Francis Bacons – dem anderen Gründer der neuzeitlichen Philosophie – dem sich Descartes ausdrücklich anschließt (vgl. Descartes, Abh VI, §3), und für Thomas Hobbes (1588–1679) ist die gesamte Philosophie in dem Sinne praktisch, dass er sie im Zeitalter der konfessionellen Bürgerkriege als die einzig verlässliche Ressource des Friedens versteht (vgl. Hobbes, De cive 60). Bei Kant wird der Primat der praktischen Philosophie durch seine Unterscheidung zwischen dem Schul- und dem Weltbegriff begründet: Philosophie nach dem »*Schulbegriff*« ist das »System der Erkenntnis, die nur als Wissenschaft gesucht wird, ohne etwas mehr als die systematische Einheit dieses Wissens, mithin die *logische* Vollkommenheit der Erkenntnis zum Zwecke zu haben«. Philosophie nach dem »*Weltbegriff*« aber ist die »Wissenschaft von der Beziehung aller Erkenntnis auf die wesentlichen Zwecke der menschlichen Vernunft«, betrifft also das, »was jedermann notwendig interessiert« (B 867 und Fn.). Kant führt dann weiter aus, dass der wesentlichste oder höchste Endzweck der menschlichen Vernunft die »ganze Bestimmung des Menschen« ist, und diese wird in der Moralphilosophie und nur dort erörtert (vgl. B 868).

Krise der Metaphysik als Wissenschaftskrise und die Idee der Kritik

Im 18. Jahrhundert waren die Begriffe ›Philosophie‹ und ›Wissenschaft‹ noch nicht auseinander getreten; jedes begründete und systematisch geordnete Wissen wurde damals ›Philosophie‹ genannt.[1] Und ebenso waren wissenschaftliche und metaphysische Probleme nicht so verschieden, wie es uns heute erscheinen mag, sondern die Fragen der Metaphysik galten als *interne* wissenschaftliche Fragen; es ging dabei um die Möglichkeit von Wissenschaft überhaupt im strikten Wortsinn. So war für Kant sehr lange klar, dass nur die rationalistische Metaphysik mit ihren »Vernunftwahrheiten« die Grundlagen für »rationale« Wissenschaft bereitstellen kann. Dass sie dies aber auch wirklich vermag, wurde für Kant zunehmend fraglich. Er bezeichnete es als sein »Schicksal«, in die Metaphysik »verliebt zu sein« (TG A 115); darum traf ihn ihr trostloser Zustand besonders hart. In der Vorrede zur ersten Ausgabe der *Kritik der reinen Vernunft* heißt es: »Es war eine Zeit, in welcher sie die *Königin* aller Wissenschaften genannt wurde [...]. Jetzt bringt es der Modeton des Zeitalters so mit sich, ihr alle Verachtung zu erweisen.« (A VIII) Den Grund für diesen Zustand sieht er in dem Dilemma, in dem sich die Vernunft durch ihre eigene Natur befindet: Sie stellt notwendig Fragen, die sie aber nicht beantworten kann, weil dies ihre Kräfte übersteigt. Sie fragt unvermeidlich nach ersten Grundsätzen des Wissens; genau dies jedoch führt sie über den Bereich der alltäglichen Erfahrung und des gesunden Menschenverstandes hinaus, wo sie sich in »Dunkelheit und Widersprüche« begibt: Das Ergebnis sind »endlose Streitigkeiten«, und deren Kampfplatz »heißt nun *Metaphysik*« (A VII f.). Einen besonderen Anteil an dieser Diagnose hatte Kants Entdeckung der Antinomie der Vernunft im Bereich der Kosmologie (vgl. Brief an Garve 1798; zit. n. Geier 157; vgl. auch Irrlitz 242 ff.); ihm wurde klar, dass es in diesem naturwissenschaftlichen Teilbereich der Metaphysik, in dem es um erste Prinzipien unseres Wissens von der Natur geht, möglich ist, in aller logischen Strenge eine These zu beweisen und ebenso ihr genaues Gegenteil: z. B. die Behauptung, die Welt sei endlich in Raum und Zeit, und die Gegenbehauptung ihrer Unendlichkeit.

Die Vorgeschichte dieses Zustands erzählt Kant sehr anschaulich in sozialen und politischen Metaphern. Zuerst war die Herrschaft der Metaphysik »*despotisch*«, denn sie lag in den Händen von Dogmatikern, d. h. von Leuten, die einfach etwas behaupteten, ohne zureichende Gründe anzugeben. Dann artete die Despotie »durch innere Kriege nach und nach in völlige *Anarchie* aus«. Die »*Skeptiker*, eine Art Nomaden, die allen beständigen Anbau des Bodens verabscheuen«, störten freilich von Zeit zu Zeit die metaphysischen Kreise, aber ohne bleibenden Erfolg – man möchte hinzusetzen: weil sie sich ja gar nicht erst am »beständigen Anbau« der Wissenschaft beteiligten. John Locke versuchte, diesem chaotischen Zustand dadurch ein Ende zu machen, dass er die Legitimität jener »Königin« mit genealogischen Mitteln zu klären versuchte, aber weil er »die Geburt jener vorgegebenen Königin aus dem Pöbel der gemeinen Erfahrung« ableitete und fälschlicherweise behauptete, das metaphysische Wissen sei letztlich doch empirisch, sahen sich die dogmatischen Metaphysiker in ihren alten Meinungen bestärkt, »wodurch alles wiederum in den veralteten wurmstichigen *Dogmatism* und daraus in die Geringschätzung verfiel, daraus man die Wissenschaft hatte zielen wollen« (A IX f.). Jetzt herrscht allgemeiner »Überdruß und *Indifferentism*, die Mutter des Chaos und der Nacht, in Wissenschaften« (A X). Für Kant wie für die gesamte Philosophie der Neuzeit von Descartes bis Hegel gibt es keine Wissenschaft im strengen Wortsinn ohne Metaphysik; deswegen führt die Gleichgültigkeit gegenüber der Metaphysik notwendig zum Desinteresse an Wissenschaft überhaupt. Sollte dies erst einmal allgemein der Fall sein, wäre das Projekt »Aufklärung durch Wissenschaft« gescheitert.

Wie kann man es retten? Durch Sicherung der Wissenschaftlichkeit der Wissenschaft, und zwar in ihrem Kernbereich, den ersten oder obersten Prinzipien, von denen gemäß dem systemwissenschaftlichen Modell unser gesamtes wissenschaftliches Wissen abhängt; die Frage nach der Möglichkeit von *Wissenschaft* überhaupt ist somit unmittelbar die nach der *Metaphysik* als Wissenschaft. Die Ausgangslage ist schwierig. Der Rationalismus glaubt, über jene metaphysischen Wissensgrundlagen zu verfügen, kann sie aber nicht überzeugend verteidigen; er kann sie nur *dogmatisch* behaupten und verwickelt sich dabei überdies selbst in Widersprüche – ein Todesurteil für jede angebliche Wissenschaft. Der Empirismus scheitert notwendig bei dem Versuch, »durch eine gewisse *Physiologie* des menschlichen Verstandes« (A IX) einen tragfähigen Ersatz für das von der Gegenpartei nur Behauptete zu liefern, denn er kommt über das bloß Empirische nicht hinaus; damit öffnet er erneut den Angriffen der »nomadisierenden« Skeptiker Tür und Tor. Das Resultat ist *Skeptizismus,* nicht als Methode nach cartesianischem Vorbild, sondern als philosophische Position: »*Ignoramus, et ignorabimus* (Wir wissen es nicht, und wir werden es nicht wissen)«. Diese führt unvermeidlich zur Gleichgültigkeit gegenüber der Wissenschaft überhaupt.

Kant hat einen solchen skeptischen Einbruch durch seine Beschäftigung mit David Hume erlebt, von dem Kant sagt, er habe ihn aus dem »dogmatischen Schlummer« erweckt. (Prol A 13) Hume hatte gezeigt, dass unsere Überzeugung, alles in der Welt geschehe gemäß dem Prinzip von Ursache und Wirkung, nicht als objektiv gültig bewiesen werden kann und letztlich nur auf subjektiver Gewöhnung an Regelmäßigkeiten unserer Erfahrung beruht. Wenn dies das letzte Wort ist, dann gibt es keine Naturwissenschaft, die diesen Namen verdient, sondern nur mehr oder weniger wahrscheinliches Wissen im Sinne der lockeschen »Naturkunde«.

So sieht sich Kant zwischen zwei Feuern. Der herkömmliche Rationalismus kommt nicht infrage, solange er dogmatisch bleibt und dadurch »Chaos« und »Nacht« in den Wissenschaften erzeugt. Der Empirismus führt zum Skeptizismus, und der kommt auch nicht infrage, solange wir noch mit guten Gründen, die z. B. Newton betreffen, an der Idee der Wissenschaft festhalten. Beide Extreme können nur durch Aufklärung vermieden werden, d. h. dadurch, dass die Ansprüche beider Parteien auf den Prüfstand kommen, gemäß der Maxime »Skepsis ja, Skeptizismus nein«. Die Skepsis als Methode folgt dann der cartesianischen Idee, den Zweifel nicht nur auf alles bloß dogmatisch Behauptete, sondern auch auf den Skeptizismus selbst anzuwenden, um ihn mit seinen eigenen Waffen zu schlagen. So bleibt nur der Weg zwischen den beiden Extremen des Dogmatismus und Skeptizismus hindurch, den Kant als den »kritischen« Weg bezeichnet und der sei in der systematischen Philosophie »allein noch offen« (B 884): Im »Zeitalter der Kritik«, der sich auch die beiden konträren Parteien zu unterwerfen haben, ist er der einzig angemessene, denn nur er eröffnet die Aussicht, das problematisch gewordene Verhältnis von Wissenschaft und Aufklärung neu zu bestimmen. Dabei ist stets festzuhalten: Es geht Kant immer um den Weg der Metaphysik und nicht einfach um »Wissenschaftstheorie« im modernen Sinne; Rationalismus und Empirismus versteht er als metaphysische Positionen, und das kritische Unternehmen stellt für ihn ein Gerichtsverfahren dar, in dem über die Berechtigung und die Grenzen der Ansprüche beider Seiten zu entscheiden ist. (B 779)

Diese Kritik ist nur dann mehr als wildes Nomadisieren, wenn sie *systematisch* ist; darum fällt die Frage, wie Metaphysik als Wissenschaft möglich sei, mit der nach *kritischer* Philosophie als *System* zusammen. Das Organon kritischer Metaphysik in diesem Sinne aber ist die »reine«, d. h. erfahrungsunabhängige Vernunft selbst, denn es geht dabei um das Problem, ob es überhaupt so etwas gibt wie erfahrungsunabhängige Erkenntnis, und das kann man eben nicht empirisch klären wollen. So erklärt sich der berühmte Doppelsinn des Titels *Kritik der reinen Vernunft* im Sinne des Genitivus subjectivus und objectivus; es handelt sich um die Kritik der Erkenntnisansprüche der reinen Vernunft durch die reine Vernunft selbst. Diese reflexive Struktur macht deutlich, dass die Vernunft im kantischen Sinne in ihrem Kern *kritische Vernunft* ist; seine kritische Philosophie ist ein Modell für die Neubestimmung des Verhältnisses von Wissenschaft und Aufklärung, das Epoche gemacht hat und auch der Grund dafür ist, dass wir geneigt sind, die Geschichte der Philosophie nach dem Schema »vor und nach Kant« einzuteilen.

Kritische Vernunft

Aufklärung durch Wissenschaft ist nur möglich, wenn die Wissenschaftlichkeit der Wissenschaft gesichert ist. Für Kant wie für die gesamte cartesianische Tradition bis zu Hegel ist »systematische Einheit dasjenige [...], was gemeine Erkenntnis allererst zur Wissenschaft, d. i. aus einem bloßen Aggregat derselben ein System macht« (B 860); also kann Wissen nur in dem Maße als wissenschaftlich gelten, in dem es ein System bildet oder einem solchen angehört.[2] Obwohl Kant im Gegensatz zu Descartes und Spinoza ausdrücklich davor warnt, die Methoden der Mathematiker in der Philosophie nachahmen zu wollen (vgl. B 754 f.), bleibt auch für sein Verständnis von System die euklidische Geometrie insofern ein Vorbild, als es dieser ja gelang, das geometrische Wissen auf ganz wenige Prinzipien zurückzuführen und daraus zu rekonstruieren; so ist sie auch für Kant ein Modell für die Vernunft, die »das *Systematische* der Erkenntnis [...], d. i. de[n] Zusammenhang derselben aus einem Prinzip« (B 673) zu erreichen versucht. Wie könnte man sich eines solchen Prinzips vergewissern? Dies war das Thema der Metaphysik seit den Anfängen der Philosophie; und weil die menschliche Vernunft nach Kant gar nicht anders kann, als nach der systematischen Einheit des Wissens unter Prinzipien zu streben, hat sie, »seitdem, daß sie gedacht, oder vielmehr nachgedacht hat, niemals einer Metaphysik entbehren [...] können« (B 870). Es ist also nicht nur seine Liebe zur Metaphysik als einer besonders ausgefallenen Beschäftigung des Denkens, die Kant vor das Problem der Metaphysik als Wissenschaft stellt; es geht vielmehr um die Wissenschaft überhaupt, die vor dem Hintergrund der Verbindlichkeit des Systemmodells unvermeidlich die Frage nach der Möglichkeit von Metaphysik aufwirft, und es ist klar, dass es sich dabei um wissenschaftliche Metaphysik handeln muss.

Wie Kant diese Frage angeht, ist durch die cartesianische Tradition vorgezeichnet. War die Metaphysik seit Aristoteles die Wissenschaft von den ersten Prinzipien des Seienden, so nötigt die methodische Skepsis dazu, sich zuerst der Erkennbarkeit dieser Prinzipien zu versichern, und darum bestimmt Descartes die Metaphysik als die Wissenschaft von den ersten Prinzipien der Erkenntnis des Seienden. (Descartes, Prinz XLI) Der Rückgriff auf das erkennende Bewusstsein und seine kognitiven Möglichkeiten ist aber für Kant nicht selbst schon Teil der Metaphysik, denn deren Möglichkeit steht ja zunächst noch infrage (vgl. B 871); er ist »*Propädeutik* [Vorübung], welche das Vermögen der Vernunft in Ansehung aller reinen Erkenntnis a priori untersucht, und heißt *Kritik*« (B 869). Die *Kritik der reinen Vernunft* stellt somit für Kant die vorbereitende Grundlage bereit für »eine jede künftige Metaphysik, die als Wissenschaft wird auftreten können« (vgl. den Titel der *Prol*).

Das vernunftkritische Unternehmen hat Kant – ganz im Sinne des griechischen Verbs *krineîn* – »scheiden, unterscheiden, urteilen, beurteilen« – zu fundamentalen Unterscheidungen genötigt, die die Vernunft als Erkenntnisvermögen betreffen; die wichtigsten sind ›*Ding an sich und Erscheinung*‹, ›*Sinnlichkeit und Verstand*‹, ›*Verstand und Vernunft*‹. Die Grundlinien von Kants kritischer Philosophie treten deutlich hervor, wenn man sich die Gründe und die Konsequenzen dieser drei Entgegensetzungen vergegenwärtigt, denn sie sind nicht nur grundlegend für die theoretische Philosophie, sondern auch für die übrigen Systemteile; sie markieren nach Kant die Grenzlinien für die Reichweite unserer Vernunft überhaupt, wodurch sie sich als endliche Vernunft zu begreifen hat.

Hier handelt es sich um die philosophisch folgenreichste und gleichzeitig um die umstrittenste Unterscheidung Kants. Die Fülle der kommentierenden, vor allem aber kritischen Stellungnahmen ist unübersehbar, und das Spektrum reicht von sublimem Tiefsinn bis zur ironischen Parodie. Arthur Schopenhauer (1788–1860) sagt: »Kants größtes Verdienst ist die Unterscheidung der Erscheinung vom Dinge an sich«, doch er »gelangte [...] nicht zu der Erkenntniß [sic!], daß die Erscheinung die Welt als Vorstellung und das Dinge an sich der Wille sei« (Schopenhauer I, 514), wobei mit »Wille« ein dunkler, irrationaler, aber allmächtiger Weltgrund gemeint ist; Kant war demnach nicht konsequent genug und blieb auf halbem Weg zur wahren Philosophie stehen. Hegel hingegen meint: »Das *Ding-an-sich* (und unter dem *Ding* wird auch der Geist, Gott befaßt) drückt den Gegenstand aus, insofern von allem, was er für das Bewußtsein ist, [...] *abstrahiert* ist [...]. Man muß sich hiernach nur wundern, so oft wiederholt gelesen zu haben, man wisse nicht, was das *Ding-an-sich* sei; und es ist nichts leichter, als dies zu wissen.« (Hegel 8, 120 f.) So ist das Ding an sich für Schopenhauer das Absolute und Hegel zufolge bloß eine leere Gedankenbestimmung; der Gipfel des Tiefsinns steht hier neben der nackten Trivialität.

Fichte sieht im Ding an sich einen dogmatischen Rest von Kants angeblichem Idealismus, der ausgeschieden werden müsse, um zum wahren Kern oder zum authentischen Geist dieser Philosophie hinter dem Buchstaben vorzudringen (vgl. Fichte 12 f. und 17 f.); in einer seiner letzten öffentlichen Stellungnahmen wehrte sich Kant heftig gegen eine solche Vereinnahmung. (Vgl. Kühn 478)

Manche Romantiker faszinierte die angebliche Kontrastierung der Alltagswirklichkeit mit einer geheimnisvollen »Hinterwelt«, die Kant vorgenommen habe; er habe die Welt der Erscheinungen als bloßen Schein erkannt und mit dem Ding an sich auf die allein wahre Welt hinter den Erscheinungen hingedeutet. Nietzsche hingegen als Antiromantiker kritisiert die »Hinterweltler«(Nietzsche II, 297) und meint damit auch Kant; er bezeichnet ihn als »*hinterlistigen* Christen zu guter Letzt« (Nietzsche II, 961), weil er mit seiner Unterscheidung die Welt wie die Christen in eine »wahre« und eine »scheinbare« geschieden habe.[3] Dann erklärt er: »Die wahre Welt haben wir abgeschafft; welche Welt blieb übrig? die scheinbare vielleicht? [...] Aber nein! *mit der wahren Welt haben wir auch die scheinbare abgeschafft!*« (Nietzsche II, 963)

Die verbreitete Deutung der kantischen Erscheinung als scheinhafte Fassade, hinter der sich das Ding an sich als die allein wahre Wirklichkeit verberge, wird in der Regel mit dem Begriffspaar »Wesen – Erscheinung« verbunden, und Kant wird unterstellt, er habe die Unerkennbarkeit des wahren Wesens der Dinge gelehrt. In diesem Sinne fassten Friedrich Engels (1820–1895) und die marxistische Tradition eine praktische Lösung des kantischen Rätsels ins Auge und behaupten, wenn wir natürliche Dinge und Effekte technisch reproduzieren könnten – wie z. B. die Chemiker das Alizarin –, hätten wir auch deren Wesen erkannt, und dann sei »es mit dem Kantschen ›Ding an sich‹ zu Ende«. (Vgl. Engels 19 f.) Auch Adorno versteht Kant in diesem Sinne und deutet seine »Theorie von den Grenzen möglicher positiver Erkenntnis«, die das Ding an sich markiert, als den »Kantischen Block« des Erkennens, als »Schranke vorm Absoluten« (Adorno 376 und 379). Wichtig ist darüber hinaus die semiotische (zeichentheoretische) Kritik am Ding an sich durch Charles Sanders Peirce (1839–1914), die nicht mit der Unerkennbarkeit, sondern mit der Unverständlichkeit des damit Gemeinten argumentiert (vgl. Peirce I, 220 f. und II, 453 f.); in diesem Sinn hat man in der gesamten sprachanalytischen Tradition für Kants Dinge an sich keine Verwendung mehr – aus bedeutungstheoretischen Gründen.[4]

Was es bei Kant mit dem Ding an sich auf sich hat, kann man seinen Texten nicht ganz leicht entnehmen; manche Formulierungen sind vieldeutig und legen in der Tat die Vorstellung nahe, es handle sich um ein Geheimnisvolles hinter der vertrauten Erfahrungswelt – so wenn Kant von der »nichtsinnlichen Ursache« der Erscheinungen (B 334, auch B 522) spricht oder vom »transzendentalen Objekt« (B 522); an anderen Stellen erscheint das Ding an sich als »Gedankending« (*noûmenon*, Part. von griech. *noeîn* – »denken«), rückt damit scheinbar in eine Reihe mit den Großgegenständen der rationalistischen Metaphysik, »Gott, Freiheit und Unsterblichkeit« und soll dann doch wieder vom »transzendentalen Gegenstand« zu unterscheiden sein (A 252).[5]

Man kann aber festhalten: Das Ding an sich kommt bei Kant meist im Plural vor, als »Dinge an sich«, und gemeint sind damit die Gegenstände unserer Erkenntnis, wie sie sein mögen, unabhängig davon, dass und wie wir sie erkennen können; in diesem Sinn sind sie in der Tat etwas bloß Gedachtes oder Noumena. Die Gegenstände hingegen, die wir tatsächlich zu erkennen vermögen, haben wir nicht unabhängig davon vor uns, dass und wie wir sie erkennen können; sie unterstehen den Bedingungen, unter denen unsere Erkenntnis allein möglich ist. Was diese Bedingungen betrifft, so ist Kants Erklärung in der *Kritik der reinen Vernunft* das Ergebnis einer Selbstkritik: In der Dissertation *De mundi sensibilis . . .* von 1770 vertrat Kant, »*sensitive cogitata esse rerum repraesentationes* uti apatent, *intellectualia autem* sicuti sint (daß das sinnlich Gedachte in Vorstellungen der Dinge besteht, *wie sie erscheinen*, das Intellektuelle aber, *wie sie sind*)«. (Mund § 4) Er stand hier noch ungebrochen in der rationalistischen Tradition, der zufolge wir mit den Sinnen nur die phänomenale Außenseite der Dinge, ihr Wesen hingegen nur denkend erfassen können. So erklärt schon Descartes am Beispiel des Wachses, dass sich nur im Geist (*mente*) erfassen lasse, was es ist: »Offenbar dasselbe, welches ich sehe, welches ich betaste, welches ich mir vorstelle (*imaginor*) [. . .]; aber – wohlgemerkt – sein Erfassen (*perceptio*) ist nicht ein Sehen, ein Tasten, ein Sichvorstellen, und ist es auch nie gewesen, wenn gleich es früher so schien, sondern es ist eine Einsicht einzig des Geistes (*solius mentis inspectio*).« (Descartes, Med II, § 14)

Den Gegensatz zwischen den Dingen, wie sie erscheinen, und den Dingen, wie sie sind, ersetzt Kant nun durch den zwischen den Dingen als Erscheinungen und den Dingen an sich, wobei das »an sich« die Unzugänglichkeit solcher Dinge für unsere Erkenntniskräfte anzeigt, denn unser Denken sei ja vollständig auf die Sinne angewiesen, um einen Zugang zu den Gegenständen zu gewinnen. Das Ding an sich ist somit ein »Noumenon im negativen Verstande«, und wir denken damit ein Ding, »*sofern es nicht Objekt unserer sinnlichen Anschauung ist*« (B 307); dieses bloß gedachte Ding ist kein Gegenstand für unsere Erkenntnis.[6]

Damit ist auch klar, was mit »Erscheinung« gemeint ist; schon in der Dissertation gebraucht Kant den Begriff als Übersetzung für *phainómenon*, womit die »Alten« den Gegenstand der Sinnlichkeit bezeichneten. (Mund § 3) Erscheinungen (Phaenomena) sind somit die Dinge, die wir sinnlich erfassen können. Sie sind nicht Schein oder bloße Illusionen, sondern das, was uns unsere sinnliche Erfahrung liefert und was wir denkend weiterbestimmen müssen, um es erkennen zu können: »Der unbestimmte Gegenstand einer empirischen Anschauung heißt *Erscheinung*.« (B 33) Die neue These Kants gegenüber seinen früheren Schriften ist somit, dass wir nur im Bereich der Erscheinungen zu Erkenntnissen gelangen können, und nicht jenseits dieser Grenzen; darum fungiert bei Kant das Ding an sich, das als negativer Begriff dieses Jenseits ausgrenzt, als »Grenzbegriff« (B 310 f.).

Bemerkenswert ist, dass sich bereits Kant selbst gegen die Deutung des Verhältnisses von Ding an sich und Erscheinung im Sinne von »Innen/Außen« oder »Wesen/Erscheinung« wendet, wie sie bis in unsere Tage vorherrschte: »Wenn die Klagen: *Wir sehen das Innere der Dinge nicht ein*, so viel bedeuten sollen, als, wir begreifen nicht durch den reinen Verstand, was die Dinge, die uns erscheinen, an sich sein mögen: so sind sie ganz unbillig und unvernünftig; denn sie wollen, daß man ohne Sinne doch Dinge erkennen, mithin anschauen könne [...]. Ins Innere der Natur dringt Beobachtung und Zergliederung der Erscheinungen, und man kann nicht wissen, wie weit dieses mit der Zeit gehen werde.« (B 33 f.)[7] Geradezu trotzig heißt es zuvor: »Was die Dinge an sich sein mögen, weiß ich nicht, und brauche es auch nicht zu wissen, weil mir doch niemals ein Ding anders, als in der Erscheinung vorkommen kann.« (B 332 f.) Die Frage ist dann freilich, warum Kant, wenn das Ding an sich erkenntnistheoretisch irrelevant ist, überhaupt an dieser Unterscheidung festhält und nicht wie Nietzsche nach ihm mit der angeblich wahren, nur mit dem Denken erfassbaren Welt auch die Welt »bloßer« Erscheinungen fallen lässt.

Rezeptivität

Einer seiner Gründe wird deutlich, wenn man sich vergegenwärtigt, was der Fall wäre, wenn wir es nur mit Erscheinungen zu tun hätten; dann wäre – wie Nietzsche es tatsächlich vertrat – die Rede von Erscheinungen selbst sinnlos: Erscheinungen sind Gegenstände sinnlicher Erfahrung, die zunächst unbestimmt sind. (Vgl. B 34) »Gleichwohl wird, welches wohl gemerkt werden muß, doch dabei immer vorbehalten, daß wir eben dieselben Gegenstände auch als Dinge an sich selbst, wenn gleich nicht *erkennen*, doch wenigstens müssen *denken* können. Denn sonst würde der ungereimte Satz daraus folgen, daß Erscheinung ohne etwas wäre, was da erschiene.« (B XXVI) Kant hält also am Erscheinungsbegriff fest und läuft somit selbst Gefahr, eine metaphysische Hinterwelt zu beschwören: *Was* da in den Erscheinungen erscheint, erscheint selbst nicht, denn wir haben nur das, *als* was es im Rahmen unserer Erkenntnismöglichkeiten erscheint. Könnten wir die Gegenstände nicht zugleich als Dinge an sich selbst zumindest denken, hätten wir ein Erkenntnismodell vor uns, dem zufolge es sinnlos wäre, davon auszugehen, dass wir uns erkennend auf etwas beziehen könnten, das mehr wäre als unsere subjektive Vorstellung von Gegenständen; die Welt wäre dann in der Tat nur »unsere Vorstellung« (Schopenhauer) und nichts weiter.

Was Kant daran hindert, eine solche Position, die man »Idealismus« im erkenntnistheoretischen Sinn des Wortes nennen kann, zu verteidigen, ist ein Bewusstseinsvermögen, das er »Rezeptivität« nennt. Schon in *De Mundi sensibilis* […] heißt es: »Sinnlichkeit ist die Empfänglichkeit (*receptivitas*) eines Subjekts, durch die es möglich ist, daß sein Vorstellungszustand von der Gegenwart irgendeines Objekts auf bestimmte Weise affiziert wird« (§ 3); und die klassische Stelle in der *Kritik der reinen Vernunft* lautet: »Die Fähigkeit (Rezeptivität), Vorstellungen durch die Art, wie wir von Gegenständen affiziert werden, zu bekommen, heißt Sinnlichkeit.« (B 33) Die Deutung der Sinnlichkeit als Affizierbarkeit durch etwas, was nicht schon in unserem Bewusstsein enthalten ist, nötigt uns nach Kant, zu den so entstandenen sinnlichen Vorstellungen eines Gegenstandes etwas hinzuzudenken, was zwar real existiert und uns affiziert, aber selbst kein sinnlicher Gegenstand ist, weil wir nur Affektionen in uns vorfinden. Man kann sagen, dass Kant an dieser Stelle den Rest eines erkenntnistheoretischen Realismus verteidigt, aber modern gesprochen nur im Modus der *Referenz*; ihm zufolge beziehen wir uns in der Erfahrung auf ein bewusstseinsunabhängiges Etwas, ohne etwas Bestimmtes von ihm prädizieren zu können, aber dies ist unvermeidlich, wenn unsere Rezeptivität als Vermögen des sinnlichen Affiziertwerdens nicht im Sinne einer Affektion durch *nichts* erscheinen soll. In diesem Sinne können wir somit nach Kant das Ding an sich als »die bloß intelligible [im Denken fassbare] Ursache, der Erscheinungen überhaupt, das transzendentale Objekt nennen, bloß, damit wir etwas haben, was der Sinnlichkeit als einer Rezeptivität korrespondiert« (B 522). Kants Ding an sich ist insofern ein notwendiges Element seiner Deutung der Erkenntnis als eines kognitiven Vorgangs, in dem etwas Neues und Unvorhergesehenes hinzutreten kann, was durch die Fähigkeit sinnlicher Rezeptivität verbürgt ist; in diesem Sinn ist Kants theoretische Philosophie vor allem anderen eine Theorie der *Erfahrung.* (Vgl. Holzhey)

Sehr bald hat man Kant vorgeworfen, er habe mit seiner Rede vom Ding an sich als der »unbekannten«, »nichtsinnlichen« oder »intelligiblen« Ursache der Erscheinungen sowohl den Dingbegriff wie das Kausalitätsprinzip gegen seine eigenen Prinzipien auf etwas angewandt, wovon wir keine Erfahrung haben können, denn die Beziehung zwischen Ding an sich und Erscheinung kann man nicht beobachten.[8] In der Tat ist Kants Redeweise schwer zu verteidigen, aber es ist ja nicht so, dass er geglaubt hätte, zunächst ein Ding identifizieren und dann einmal von ihm als einem Ding an sich und außerdem als Erscheinung reden zu können. Als er plausibel machen wollte, dass es unvermeidlich ist, zu den Erscheinungen, die wir erkennen können, zumindest etwas »außer uns« als real anzunehmen, was da erscheint, verwandte er für dieses Etwas eben auch das Wort »Ding«, wobei das »an sich« zugleich anzeigt, dass dieser Dingbegriff nicht so zu verstehen ist, wie er in Erkenntniszusammenhängen verwandt wird; »Ding«, »Dinge« – damit meint Kant das unvermeidlich zu unterstellende *Gegenständliche* der Erkenntnis.

Ähnlich verhält es sich mit dem Ding an sich als der Ursache der Erscheinungen: Kant konstruiert nicht (wie die Materialisten) zunächst eine Kausalbeziehung zwischen äußeren Dingen und unserem Bewusstsein, denn auch die hat noch niemand beobachtet, weil wir aus unserem Bewusstsein nicht heraustreten können. Er verfährt umgekehrt: Er geht von der Rezeptivität als dem Vermögen des Bewusstseins aus, affiziert zu werden. Der Grund der Affektion kann nicht das Bewusstsein selbst sein, denn dann wäre alle Affektion Selbstaffektion, die es freilich auch gibt. Sofern also die Affektion nicht Selbstaffektion ist, ist es unvermeidlich, etwas Affizierendes zu unterstellen, und die kausale Deutung der Affektion als Wirkung externer, affizierender «Gegenstände, die unsere Sinne rühren« (B 1), erzeugt dann den Anschein, Kant habe das Kausalitätsprinzip auf verbotenes Gelände übertragen.

Es dürfte schwer fallen, Kants Intentionen so umzuformulieren, dass man von der dinglichen und kausalen Redeweise gar keinen Gebrauch macht. Man kann seine Theorie wohl nur dadurch vor dem Vorwurf der Inkonsequenz und Widersprüchlichkeit bewahren, dass man auf der Differenz zwischen einer *Deutung* und einer *Erkenntnis* im genaueren Wortsinn besteht: Wo Kant glaubt, nicht ohne die erkenntnistheoretisch problematische Redeweise von Dingen an sich als den Ursachen der Erscheinungen auskommen zu können, ist immer daran zu erinnern, dass hier die Ausdrücke »Ding« und »Ursache« *interpretierend* verwandt werden und nicht im Sinne gegenständlicher oder gar empirisch gestützter Erkenntnis. Entscheidend ist allein, worum es dabei geht; was Kant mit seiner berühmten, aber missverständlichen Unterscheidung zwischen dem unerkennbaren Ding an sich und der Erscheinung auszudrücken versuchte, ist die Einsicht in die *Endlichkeit* der Vernunft, wenn es um Erkenntnis geht; sie ist vor allem anderen *kritisch* gemeint. Unerkennbarkeit der Dinge an sich – das markiert zunächst eine Grenze gegenüber dem *naiven Realismus*, der glaubt, die Dinge »einfach so« vor sich zu haben, und der die subjektiven Bedingungen vergisst, unter denen dies tatsächlich der Fall ist. Die Unerkennbarkeit der Dinge an sich markiert zugleich auch eine Grenze gegenüber der traditionellen *Metaphysik*, die bis zu Kant glaubte, man könne durch bloßes Nachdenken das Entscheidende über die Welt herausbekommen; das rein Intelligible ist aber kein Gegenstand unserer Erkenntnis. Mit der Rede vom Ding an sich als der intelligiblen Ursache der Erscheinungen wird drittens dem *Idealismus* ein Riegel vorgeschoben, denn wenn in den Erscheinungen nichts erschiene, was sich nicht darin erschöpft, bloß Erscheinung zu sein, wäre das Bewusstsein autonom und seine selbstproduzierte Vorstellungswelt »alles, was der Fall ist« (Wittgenstein). Diese dreifache Abgrenzung bedeutet freilich nicht, dass Erkenntnis unmöglich wäre, sondern im Gegenteil: allein *innerhalb* dieser Grenzen kann nach Kant das Erkennen sicher fortschreiten und wachsen, ohne dabei auf prinzipielle Schranken zu treffen. (Vgl. Schnädelbach 2004) Dass Erkenntnis im Sinn eines solchen Prozesses überhaupt möglich ist, bedeutet zugleich nichts anderes, als dass die erkennende Vernunft endlich, fehlbar, aber auch verbesserungsfähig ist; eine göttliche, absolute Vernunft könnte auf das Erkennen verzichten, denn sie wüsste immer schon alles.

Experimentelle Metaphysik

Die Unterscheidung zwischen den Dingen an sich und den Erscheinungen gehört vor allem in den Zusammenhang einer Reform der Metaphysik als Wissenschaft. Dabei ist zunächst wichtig, wie Kant das Problem »Wie ist Metaphysik als Wissenschaft möglich?« formuliert: als die Frage »Wie sind synthetische Urteile a priori möglich?« (B 19) Der Gegensatz zum Synthetischen ist das Analytische und betrifft die Erkenntnis*art*: Während die analytischen Urteile im Prädikat nur erläutern, was im Subjektbegriff schon enthalten ist, fügen die synthetischen Urteile dem im Subjektbegriff Gedachten im Prädikat etwas Neues hinzu; darum spricht Kant auch von Erläuterungs- und Erweiterungsurteilen. Seine Beispiele sind: »Alle Körper sind ausgedehnt« für das analytische Urteil – denn die Ausdehnung gehört zur Definition des Körpers –, und »Alle Körper sind schwer« für das synthetische Urteil, weil nicht in der Definition des Körpers enthalten ist, dass Gravitation auf ihn wirkt. Das Gegensatzpaar »a priori – a posteriori« hingegen betrifft die Erkenntnis*quellen*; »a priori« bedeutet »vom Früheren her« und »a posteriori« »vom Späteren her«. In beiden Fällen ist die Erfahrung gemeint: Was früher ist als sie, ihr vorhergeht und auch nicht durch sie widerlegt werden kann, ist a priori; was ihr nachfolgt und von ihr abhängt, ist a posteriori.

Die Logik enthält nach Kant nur analytische Urteile, die trivialerweise a priori sind, denn es kommt in ihnen ja nichts hinzu. Die empirischen (griech. *empeiría* = »die Erfahrung«) Wissenschaften hingegen formulieren synthetische Urteile a posteriori, denn sie beziehen das erweiternde Wissen aus Anschauung, Beobachtung und Experiment. Wie ist es mit der Metaphysik? Für Kant bestand sie in dem Versuch, durch bloßes Nachdenken, unabhängig von aller Empirie, also aus »reiner« Vernunft etwas bisher Unbekanntes über Gott und die Welt herauszufinden und somit ihre Erkenntnisse in der Form synthetischer Urteile a priori zu präsentieren. So wollte man seit Anselm von Canterbury (1033–1109) die Existenz Gottes mit dem rein begrifflichen Argument beweisen, dass ein nicht-existierendes Vollkommenes nicht vollkommen wäre, obwohl, wie Kant zeigte, Existenz nichts ist, was einem Vollkommenen fehlen oder es noch vollkommener machen könnte; es handelt sich somit bei »Gott existiert« offensichtlich um ein synthetisches Urteil a priori. (Vgl. B 625 ff.) Aus der Prämisse der Einheit der menschlichen Seele als Monade schloss Leibniz a priori auf deren Unsterblichkeit mit dem Argument, dass das, was keine Teile hat, auch nicht zerstört werden könne – wieder in Wahrheit ein synthetisches Urteil a priori, weil es nicht begrifflich notwendig ist, die menschliche Seele im Sinne einer unteilbaren Einheit zu deuten, von der Zerstörbarkeit ganz abgesehen. Nun bestreitet Kant nicht, dass es solche Urteile tatsächlich gibt – z. B. in der Mathematik und in der newtonschen Physik – und deren guter Zustand als gesicherte und sicher fortschreitende Wissenschaften macht ihn dabei sehr sicher. Die traurige Situation der Metaphysik hingegen, gekennzeichnet durch ein Chaos von Meinungen und ein ständiges »Herumtappen« (B VII, auch XIII und XV), lässt es fraglich erscheinen, ob dies in ihrem Bereich auch der Fall ist. Darum ist die Kritik der reinen Vernunft, die beansprucht, anders als Mathematik und mathematische Naturwissenschaft »reine Vernunfterkenntnis aus bloßen Begriffen« (MAN A 7) erlangen zu können, unmittelbar Kritik der herkömmlichen Metaphysik.

Kant erkennt, dass die synthetischen Urteile a priori nur verteidigt werden können, wenn man klar zwischen den Dingen an sich und den Erscheinungen unterscheidet; nur dann kann man verstehen, wie möglich ist, was in der Naturwissenschaft wirklich der Fall ist, nämlich vor und unabhängig von aller Erfahrung etwas Nichttriviales über die Wirklichkeit zu wissen. Was ist der Gegenstand der Naturwissenschaft? »*Natur* ist das *Dasein* der Dinge, so fern es nach allgemeinen Gesetzen bestimmt ist.« (Prol A 71) Das Wichtigste der Naturwissenschaften sind die Naturgesetze; durch ihr gesetzesartiges Wissen unterscheiden sie sich von der bloßen Naturkunde. Dieses Wissen konnte nicht dadurch erworben werden, dass die Wissenschaftler, wie die Empiristen wollen, hinter der Natur herlaufen, so viele Einzelinformationen wie möglich sammeln und dann irgendwie verallgemeinern; tatsächlich sind die Gründer der neuzeitlichen Naturwissenschaft ganz anders vorgegangen, was Kant am Beispiel Galileis, Torricellis und des Chemikers Stahl zeigt: Durch sie »ging allen Naturforschern ein Licht auf. Sie begriffen, daß die Vernunft nur das einsieht, was sie selbst nach ihrem Entwurfe hervorbringt, daß sie mit Prinzipien ihrer Urteile nach beständigen Gesetzen vorangehen und die Natur nötigen müsse, auf ihre Fragen zu antworten, nicht aber sich von ihr allein gleichsam am Leitbande gängeln lassen müsse; denn sonst hängen zufällige, nach keinem vorher entworfenen Plane gemachte Beobachtungen gar nicht in einem notwendigen Gesetze zusammen, welches doch die Vernunft sucht und bedarf.« (B XIII) Nur durch dieses Verfahren wurde die herkömmliche Physik zur Wissenschaft; ihre »so vorteilhafte Revolution ihrer Denkart« hat sie nach Kant »lediglich dem Einfalle zu verdanken, demjenigen, was die Vernunft selbst in die Natur hineinlegt, gemäß, dasjenige in ihr zu suchen (nicht anzudichten), was sie von dieser lernen muß, und wovon sie für sich selbst nichts wissen würde. Hierdurch ist die Naturwissenschaft allererst in den sicheren Gang einer Wissenschaft gebracht worden, da sie so viel Jahrhunderte hindurch nichts weiter als ein bloßes Herumtappen gewesen war.« (B XIIIf.)

Dieses Beispiel ist für Kant attraktiv genug, um es versuchs-

weise auch auf die Metaphysik zu übertragen: »Diese dem Na-
turforscher nachgeahmte Methode besteht also darin: die Elemente der reinen Vernunft in dem zu suchen, *was sich durch
ein Experiment bestätigen oder widerlegen läßt*.« (B XIX) Kant
unternimmt also nichts anderes als ein metaphysisches Experiment, über dessen Ausgang freilich nicht wie in den Naturwissenschaften die Erfahrung entscheiden kann, sondern allein der Erfolg bei der Erklärung der Möglichkeit synthetischer
Urteile a priori auch und gerade im Feld der Metaphysik. »Bisher nahm man an, alle unsere Erkenntnis müsse sich nach den
Gegenständen richten; aber alle Versuche, über sie a priori
etwas durch Begriffe auszumachen, wodurch unsere Erkenntnis erweitert würde, gingen unter dieser Voraussetzung zu-
nichte. Man versuche es daher einmal, ob wir nicht in den
Aufgaben der Metaphysik damit besser fortkommen, daß wir
annehmen, die Gegenstände müssen sich nach unserer Erkenntnisart richten, welches so schon besser mit der verlang-
ten Möglichkeit einer Erkenntnis derselben a priori zusam-
menstimmt, die über die Gegenstände, ehe sie uns gegeben
werden, etwas festsetzen soll.« (B XVI) Dann folgt im Text die
berühmte Stelle, in der Kant diesen Perspektivenwechsel mit
der Tat des Kopernikus vergleicht, nun nicht mehr die Sonne
sich um die Erde, sondern die Erde sich um die Sonne drehen
zu lassen; dies wird seitdem als »kopernikanische Wende« in
der Philosophie bezeichnet. Im Resultat läuft sie auf eine »veränderte Methode der Denkungsart« hinaus, der zufolge wir
annehmen, dass wir »von den Dingen nur das a priori erkennen, was wir selbst in sie legen« (B XVIII).
Freilich bleibt hier der Einwand, warum wir uns überhaupt
mit den Dingen befassen sollen, wenn wir ohnehin nur das
von ihnen wissen können, was wir schon im Vorhinein in der
Form synthetischer Urteile a priori festgelegt haben. Was wir
nicht aus bloßer Beobachtung lernen können, sind die Naturgesetze; die Beispiele des Kopernikus, Galileis und anderer
zeigen, dass es sich dabei um begriffliche oder mathematische
Konstruktionen handelt, die der Naturbeobachtung vorausge-

hen; so gelangt Kant zu der berühmten Formulierung: »*der Verstand schöpft seine Gesetze (a priori) nicht aus der Natur, sondern schreibt sie dieser vor*« (Prol A 113). Hier stellt sich die Frage, ob die so interpretierte Naturwissenschaft nicht in den Verdacht eines trivialen und fruchtlosen Unternehmens gerät, in dem es ausschließlich um das geht, was wir uns selbst über die Natur ausgedacht haben; zugleich grenzt es an Verrücktheit zu glauben, die Planeten bewegten sich so, wie sie sich bewegen, weil unser Verstand es ihnen so gebietet. Die kopernikanische Wende macht in der Tat keinen Sinn, wenn man meint, dass das, was wir in der Wissenschaft a priori mitbringen, sich auf Dinge an sich bezöge, d. h. auf die Wirklichkeit, wie sie unabhängig von uns und unserem Erkenntnisvermögen bestehen mag. Durch bloße Zergliederung unserer Begriffe, die a priori erfolgt, gelangen wir niemals zu einem Wissen über das, was wirklich ist, und es ist auch nicht einzusehen, wie unser reines Denken dieser an sich seienden Wirklichkeit soll irgendetwas vorschreiben können. Die Erkenntnis a posteriori von Dingen an sich hingegen verschafft uns kein gesetzesartiges Wissen, denn die Erfahrung lehrt uns nur Einzelheiten und nicht deren notwendigen Zusammenhang. (Vgl. Prol A 71 f.)

Synthetische Urteile a priori sind somit nur denkbar unter der Voraussetzung, dass man zwischen den Dingen an sich und den Erscheinungen unterscheidet. Für die Naturwissenschaft bedeutet das: Sie geht nicht voraussetzungslos auf die Natur zu, sondern arbeitet zunächst einen Theorieentwurf aus, der nach Kant aus synthetischen Urteilen a priori besteht – sein Modell ist immer die galilei-newtonsche Mechanik –, um ihn dann durch Beobachtung oder Experiment zu bestätigen oder zu widerlegen: Daraus folgt, dass jener Entwurf immer nur so weit als wissenschaftlich gelten kann, als er prinzipiell durch Beobachtung oder Experiment bestätigt oder widerlegt werden kann, oder in Kants oft wiederholten Worten: »innerhalb der Grenzen möglicher Erfahrung« verbleibt. Daher können die Gegenstände dieser Wissenschaft nichts anderes als Erscheinungen sein, d. h. zunächst unbestimmte Gegenstände einer »empirischen Anschauung« (B 33) und nicht Dinge an sich.

Für die Metaphysik bedeutet dieses Ergebnis zunächst einmal die völlige Entmutigung, denn in ihrer herkömmlichen Form versuchte sie ja ständig, durch bloßes Denken oder »reine Vernunft« über die »Grenzen möglicher Erfahrung« hinaus zu gelangen; Kant zeigt, dass das aus Gründen der Möglichkeit und Gültigkeit synthetischer Urteile a priori prinzipiell nicht gelingen kann, d. h. dass Metaphysik, die den Standards der Wissenschaftlichkeit entspräche, noch gar nicht existiert. Wäre dies das letzte Wort Kants, dann wäre sein Experiment mit der Metaphysik fehlgeschlagen; er war ja nicht nur Wissenschaftstheoretiker, der sich um die Grundlagen von Naturwissenschaft kümmert, sondern trotz seiner radikalen Kritik an der metaphysischen Tradition ging es ihm vor allem um eine Reform der Metaphysik durch kritische Sicherung ihrer Grundlagen, und dies hätte sich dann als ein unerreichbares Ziel erwiesen.

Was Kant von der Unwissenschaftlichkeit dessen überzeugt hatte, was bis dato ›Metaphysik‹ hieß, war die schon erwähnte Entdeckung der Antinomien, also die Tatsache, dass die Vernunft mit sich selbst notwendig in Widerspruch gerät, wenn sie die Grenzen möglicher Erfahrung überschreitet und dort nach Erkenntnissen sucht; er erkannte, dass die Unterscheidung zwischen den Dingen an sich und den Erscheinungen, die die synthetischen Urteile a priori ermöglicht, zugleich geeignet ist, die Antinomien aufzulösen: »Findet sich nun, daß, wenn man die Dinge aus jenem doppelten Gesichtspunkte betrachtet, Einstimmung mit dem Prinzip der reinen Vernunft stattfinde, bei einerlei Gesichtspunkte aber ein unvermeidlicher Widerstreit der Vernunft mit sich selbst entspringe, so entscheidet das Experiment für die Richtigkeit jener Unterscheidung.« (Vgl. B XIX) Wenn es zutrifft, dass synthetische Urteile a priori tatsächlich möglich sind innerhalb der Grenzen möglicher Erfahrung, wofür die Unterscheidung zwischen den Dingen an sich und den Erscheinungen der Preis ist, dann ist es nicht ausgeschlossen, dass jene Grenzen auch die Existenz von Metaphysik in einem neuen Sinn zulassen, und so hat Kant es in der Tat unternommen, nach dem Abschluss des kritischen Geschäfts die Grundlinien einer Metaphysik der Natur und eine ausgearbeitete Metaphysik der Sitten auszuführen.

Kant hat den Teil seines Systems, in dem es um die Sicherung der Metaphysik als Wissenschaft geht, als »Transzendentalphilosophie« bezeichnet. Was das bedeutet, führt er in der Einleitung der *Kritik der reinen Vernunft* aus: »Ich nenne alle Erkenntnis *transzendental*, die sich nicht so wohl mit Gegenständen, sondern mit unserer Erkenntnisart von Gegenständen, sofern diese a priori möglich sein soll, überhaupt beschäftigt.« (B 25) In einer unübertreffbaren Formulierung hat Max Horkheimer einmal in einem Seminar gesagt: »›Transzendental‹ bedeutet, ›die Bedingungen der Möglichkeit synthetischer Urteile a priori betreffend‹.« Es geht also nicht um unsere Erkenntnisart schlechthin – das mögen auch die Psychologen, Anthropologen, Kulturwissenschaftler oder Historiker untersuchen –, sondern um das, was wir als die Erkennenden a priori in unsere Erkenntnis der Gegenstände einbringen und dadurch mitbestimmen. Warum Kant diesen Ausdruck wählte, ist aus seiner kritischen Anknüpfung an die scholastische Transzendentalienlehre zu erklären, deren veränderte Form ihm durch Wolff und Alexander Gottlieb Baumgarten (1714–1762) bekannt war (vgl. Irrlitz 153 f.), aber glücklich ist er nicht gewählt, weil er ständig die Verwechslung mit »transzendent« nahe legt – zumal Kant selbst an manchen Stellen »transzendental« sagt und »transzendent« meint. Transzendent ist genau das, was die Transzendentalphilosophie auszuschließen bestrebt ist: eine vermeintliche Erkenntnis von Gegenständen jenseits der Grenzen möglicher Erfahrung, also eine diese Grenzen überschreitende (lat. *transcendere*) Erkenntnisart.

Das Ding an sich ist nach Kant ein Noumenon, denn »der Begriff eines *Noumenon*« ist der »eines Dinges, welches gar nicht als Gegenstand der Sinne, sondern als ein Ding an sich selbst (lediglich durch den reinen Verstand) gedacht werden soll« (B 310); er bezeichnet ihn als »Grenzbegriff«. Grenzen aber grenzen stets etwas ein und anderes aus. Der Begriff des Dinges an sich markiert somit zum einen den Bereich, in dem Wissenschaft und die reformierte Metaphysik möglich sind; zugleich ist es seine Aufgabe, »die Anmaßung der Sinnlichkeit einzuschränken« (B 311). Die Unterscheidung zwischen den Dingen an sich und den Erscheinungen dient also dazu, »die Grenzen unserer sinnlichen Erkenntnis zu bezeichnen, und einen Raum übrig zu lassen, den wir weder durch mögliche Erfahrung, noch durch den reinen Verstand ausfüllen können« (B 345). Darauf bezieht sich die berühmte Formulierung Kants: »Ich mußte also das *Wissen* aufheben, um zum *Glauben* Platz zu bekommen.« (B XXX) Mit »Glauben« ist nicht religiöser Glaube im konfessionellen Sinne gemeint, sondern ein ›Fürwahrhalten‹, das zwar »subjektiv zureichend«, aber »objektiv unzureichend« ist. (B 850) Kant zeigt, dass Wissen im Sinne eines sowohl subjektiv wie objektiv zureichenden Fürwahrhaltens nur im Feld der Erscheinungen möglich ist; doch dies schließt nicht aus, dass es außerhalb dieses Bereichs gute Gründe gibt, etwas mit subjektiv zureichenden Gründen für wahr zu halten, ohne dafür objektive Gewähr zu besitzen. Dieses »Außerhalb« wäre allerdings gegenstandslos, wenn keine Differenz zwischen den Dingen an sich und den Erscheinungen bestünde; die Welt der Sinnlichkeit wäre grenzenlos.

Damit hatte sich die traditionelle Metaphysik nicht abfinden wollen und darum den Versuch unternommen, das Jenseits der Erfahrung durch den »reinen Verstand«, d. h. durch bloße Denkbestimmungen auszufüllen; das aber war ihr schlecht bekommen, wie ihr trostloser Zustand als Wissenschaft zeigte. Was die Metaphysik zu erkennen versucht hatte – Kant fasst dies in den drei großen Titeln »Gott, Freiheit und Unsterblichkeit« zusammen –, ist deswegen aber nicht sinnlos. Weil die Sinnlichkeit auf die Welt der Erscheinungen eingegrenzt ist, kann man gegen die metaphysischen Großgedanken nicht empirisch argumentieren; das darin Gedachte aus subjektiven Gründen für wahr zu halten, bleibt aber so lange möglich, wie man keine objektiven Erkenntnisansprüche damit verbindet. Kant macht in seinem späteren Werk deutlich, dass nicht nur gute Gründe für diesen philosophischen Glauben sprechen, sondern dass wir in Wahrheit gar nicht anders können, als die Existenz Gottes, die der Freiheit und die der Unsterblichkeit der Seele anzunehmen, und zwar genau dann, wenn wir uns als moralische Wesen verstehen; es handelt sich hier in Kants Worten um »Postulate der reinen praktischen Vernunft«. (KpV A 220 ff.) Eine solche »praktische Erweiterung der reinen Vernunft« (B XXX) wäre unmöglich, ja unsinnig ohne die Unterscheidung zwischen den Dingen an sich und den Erscheinungen, denn sie markiert die Nahtstelle zwischen theoretischer und praktischer Philosophie.

Sinnlichkeit und Verstand

Die zweite der großen Unterscheidungen Kants, die immer wieder Vermittlungsversuche provozierten, betrifft die Differenz zwischen Sinnlichkeit und Verstand. Schon in der Einleitung zur *Kritik der reinen Vernunft* betont Kant, dass »es zwei Stämme der menschlichen Erkenntnis gebe, die vielleicht aus einer gemeinschaftlichen, aber uns unbekannten Wurzel entspringen, nämlich Sinnlichkeit und Verstand, durch deren ersteren uns Gegenstände *gegeben*, durch den zweiten aber *gedacht* werden«(B 29). So hat man sich immer wieder auf die Suche nach dieser unbekannten Wurzel gemacht, um den angeblich skandalösen Hiatus zwischen jenen beiden Stämmen zu schließen. Dazu motivierte nicht zuletzt, was vor allem die moderne Phänomenologie in der Nachfolge Edmund Husserls (1859–1938) hier gegen Kant einzuwenden hatte: In unserer unmittelbaren Selbsterfahrung kommen Sinnlichkeit und Verstand niemals getrennt vor; sie sind dort immer schon zusammen, denn wir können uns keiner sinnlichen Erfahrung bewusst werden, ohne sie zumindest in Ansätzen schon begrifflich gedeutet zu haben – immer erleben wir etwas *als* etwas –, und umgekehrt gibt es wohl keine Gedanken ganz ohne sinnliche Anteile, weil wir stets in Zeichen und Symbolen denken. (Vgl. Peirce und Cassirer)

Kant versteht sich freilich nicht als Phänomenologe, sondern als Kritiker der menschlichen Erkenntnis: »Um alles Bisherige in einen Begriff zusammenzufassen, ist zuvörderst nötig, die Leser zu erinnern: daß hier nicht von dem Entstehen der Erfahrung die Rede ist, sondern von dem, was in ihr liegt.« (Prol A 87) Bei deren analytischer »Zergliederung« (vgl. B 9 und Prol A 81) stößt er auf Elemente, die wir nicht selbst erzeugt haben können; sie müssen uns gegeben sein, wenn von Erkenntnis und nicht von Phantasieprodukten die Rede sein soll. Dieses Gegebene ordnet er mit den Empiristen der Sinnlichkeit als der Fähigkeit der Rezeptivität zu. Wir haben aber auch den Verstand als die Fähigkeit des Denkens, ohne die es ebenfalls keine Erkenntnis gibt, und an dieser Stelle kritisiert Kant die empiristische Tradition, die seit John Locke versucht hat, auch diese gedanklichen Elemente auf die Sinnlichkeit zurückzuführen; die These, dass dies prinzipiell unmöglich sei, begründet den Dualismus der beiden Erkenntnisstämme: Denken ist nach Kant kein bloßes Haben, sondern ein Erzeugen von Vorstellungen, also ein Vermögen der *Spontaneität*.

Die rationalistische Gegenpartei hatte es nun umgekehrt unternommen, alle Vorstellungen des Bewusstseins auf spontane Akte des Bewusstseins zurückzuführen; die Grundlage dafür bot die Metaphysik von Leibniz, die die Seele als Monade »ohne Fenster und Türen« begreift, ausgestattet mit der Fähigkeit, das gesamte Universum in einem bestimmten Grad von Deutlichkeit in sich zu repräsentieren. Vor diesem Hintergrund konnte es sich bei der Differenz zwischen Sinnlichkeit und Verstand nur um einen graduellen Unterschied in der Repräsentationskraft des Bewusstseins handeln; wenn aber nachgewiesen ist, dass es sich hierbei nicht nur um einen Unterschied des Grades, sondern um einen der Art von Vorstellungen handelt, dann ist auch hier die Doppelung der Erkenntnisvermögen die notwendige Folge.

So kritisiert Kant den Empirismus ebenso wie die rationalistische Metaphysik: »*Leibniz intellektuierte* die Erscheinungen, so wie *Locke* die Verstandesbegriffe [...] insgesamt *sensifiziert*, d. i. für nichts, als empirische, oder abgesonderte [abstrahierte] Reflexionsbegriffe ausgegeben hatte. Anstatt im Verstande und der Sinnlichkeit zwei ganz verschiedene Quellen von Vorstellungen zu suchen, die aber *nur in Verknüpfung* objektivgültig von Dingen urteilen könnten, hielt sich ein jeder dieser großen Männer nur an eine von beiden [...].« (B 327) Kant bezieht hier nicht einfach eine dritte Position, um beiden »großen Männern« ein bisschen Recht geben zu können. Der Empirismus hatte die Möglichkeit von Naturwissenschaft nicht erklären können, der Rationalismus war wegen der Antinomien als Wissenschaft gescheitert; vor beidem kann nach Kant nur die Unterscheidung zwischen den Dingen an sich und den Erscheinungen bewahren, die ihrerseits die Unterscheidung zwischen Verstand und Sinnlichkeit nahe legt: Sind die Noumena wie das Ding an sich denknotwendig, ohne dass diese »Gegenstände« in der Erfahrung vorkommen, dann muss der Verstand als das Vermögen des Denkens selbst eine spontane Quelle von eigenen Vorstellungen sein. Was nicht darauf zurückführbar ist – also die Erscheinungen als »unbestimmte Gegenstände einer sinnlichen Anschauung« –, verweist dann auf die Rezeptivität des Bewusstseins.

Gleichwohl kann man beide Unterscheidungen nicht umstandslos parallelisieren; mögen die Dinge an sich dem bloßen Denken vorbehalten bleiben – die Erscheinungen, die zunächst unbestimmt sind, müssen bestimmt werden, damit sie Gegenstände der Erkenntnis werden können, und genau dies ist die Aufgabe des Verstandes als eines spontanen Vermögens. Er kann die näheren Bestimmungen dem in der sinnlichen Anschauung Gegebenen nicht einfach entnehmen, wie die Empiristen meinten, denn das ist bloßes »Material«, das durch Denken geformt werden muss, damit wir etwas Erkennbares vor uns haben. »Ohne Sinnlichkeit würde uns kein Gegenstand gegeben, und ohne Verstand keiner gedacht werden. Gedanken ohne Inhalt sind leer, Anschauungen ohne Begriffe sind blind [...]. Der Verstand vermag nichts anzuschauen, und die Sinne nichts zu denken. Nur daraus, daß sie sich vereinigen, kann Erkenntnis entspringen.« (B 75 f.) So müssen wir nach Kant unser Wissen über die Welt als Ergebnis einer Kooperation zwischen Sinnlichkeit und Verstand verstehen, und »beide Vermögen, oder Fähigkeiten, können auch ihre Funktionen nicht vertauschen« (B 76).

Die Frage ist dann, wie man diese Deutung nicht nur behaupten, sondern auch begründen kann. Kant führt sie zunächst ganz anthropologisch ein: »Unsre Natur bringt es so mit sich, daß die *Anschauung* niemals anders als *sinnlich* sein kann, d. i. nur die Art enthält, wie wir von Gegenständen affiziert werden. Dagegen ist das Vermögen, den Gegenstand sinnlicher Anschauung zu *denken*, der *Verstand*.« (B 75) Damit sind sowohl das Konzept der intellektuellen Anschauung wie die Idee eines anschauenden Verstandes ausgeschlossen. Die intellektuelle Anschauung verstand sich als das Organon der rationalistischen Metaphysik. Schon Descartes rechnete in seiner Lehre von den eingeborenen Ideen mit einem reinen »*intuitus mentis*«, also der Fähigkeit des Geistes, etwas Bestimmtes wie in einem Blick zu erfassen, und Spinoza und Leibniz folgen ihm darin. Kant hingegen besteht darauf, dass unser Verstand diskursiv ist, d. h. dass er immer eine Reihe von Gedankenbestimmungen nach und nach durchlaufen muss, um dem Gegebenen, das er nicht aus sich selbst zu schöpfen vermag, eine Form und Gestalt zu verschaffen. Ein anschauender Verstand hingegen hätte die Fähigkeit, einen Gegenstand im bloßen Denken unmittelbar in der Fülle seiner

Eigenschaften zu erfassen; so etwas kann man einem Gott zuschreiben, aber nicht dem Verstand, wie wir ihn kennen. (Prol A 171 f.) Unser Denken ist auf Sinnlichkeit angewiesen, wenn es Erkenntnis werden soll, und es unterscheidet sich dadurch von einer unendlichen, göttlichen Vernunft, z. B. der leibnizschen Zentralmonade, der alles Verschiedene in der Welt immer und auf einmal gegenwärtig sein mag.

So denkt Kant mit der Unterscheidung von Sinnlichkeit und Verstand nicht nur die *Endlichkeit*, sondern auch die *Menschlichkeit* unserer Vernunft; dass es auch andere vernünftige Wesen geben könne, kann man gedanklich nicht ausschließen, doch wir wissen nichts von ihnen. Hier liegt es freilich nahe, Kant als dogmatisch zu kritisieren: Was spricht denn dafür, dass seine Lehre vom Menschen, von der her er unsere Vernunft als die menschliche beschreibt, die *richtige* ist? Eine andere Anthropologie könnte dann auch das Verhältnis von Sinnlichkeit und Verstand anders bestimmen, und in der Tat ist immer wieder versucht worden, Kants Lehre auf diesem Wege zu korrigieren. Mit anthropologischen Argumenten allein kann man sie wirklich nicht verteidigen, auch nicht mit den Mitteln phänomenologischer Beschreibung; ihre Stärke liegt woanders.

Raum und Zeit

Kant kann zeigen, dass Sinnlichkeit und Verstand allein deswegen der Art nach verschieden sein müssen, weil es auch ein Apriori der Sinnlichkeit gibt, das zwar *Form* aller Sinnlichkeit ist, aber eben nicht *begriffliche* Form. Dass auch die Sinnlichkeit einen Anteil an den Bedingungen der Möglichkeit synthetischer Urteile a priori hat, der aller Erfahrung schon vorausliegt, ist das Thema der transzendentalen Ästhetik; »Ästhetik« ist dabei nicht im Sinn einer Philosophie der Kunst gemeint, sondern im Rückgriff auf das griechische Wort *aísthesis* (Wahrnehmung) als Lehre von der Sinnlichkeit. Diese »transzendentale Sinnenlehre« (B 29 f.) zeigt, dass Raum und Zeit keine Vorstellungen sind, die aus der Erfahrung stammen können, denn alles, was wir erfahren, erfahren wir immer schon *in* Raum und Zeit. Raum und Zeit sind darüber hinaus *notwendige* Vorstellungen in dem Sinne, dass wir uns zwar leere Räume und Zeitabschnitte vorstellen können, aber nicht, dass es Raum und Zeit überhaupt nicht gäbe. Schließlich sind Raum und Zeit *keine Begriffe*, denn sie bezeichnen keine allgemeinen Merkmale des Räumlichen und Zeitlichen, sondern Raum und Zeit sind singulär: Alles Räumliche und Zeitliche verorten wir in dem *einen* Raum und der *einen* Zeit, und was nur etwas Einzelnes bezeichnet, kann kein Begriff sein. Wenngleich Raum und Zeit Formen sind, in denen all unser Erfahrungsmaterial immer schon vorliegt, sind sie doch Formen der Anschauung und nicht des Denkens.

Diese hier etwas vereinfacht wiedergegebenen Nachweise fasst Kant unter dem Titel »metaphysische Erörterung« (B 37 und B 46) zusammen; »metaphysisch« meint dabei die Darlegung dessen, was in unseren Vorstellungen von Raum und Zeit a priori enthalten ist. Die »transzendentale Erörterung« (B 40 und B 48) hingegen betrachtet die Konsequenzen, die das für Raum und Zeit zuvor Festgestellte für die Frage der synthetischen Urteile a priori hat. Kant vertritt, dass Raum und Zeit als Anschauungsformen die Geometrie als erfahrungsunabhängige Wissenschaft und den vor allem in der Physik unentbehrlichen Begriff der Bewegung möglich machen. (Vgl. B 40f. und 48f.) Die moderne Wissenschaftstheorie ist an dieser Stelle nicht mehr bereit, Kant zu folgen, aber das schmälert nicht das wichtigste Ergebnis von Kants transzendentaler Ästhetik: Wenn von Raum und Zeit nicht bloß in der Form von physikalischen Messgrößen die Rede ist, sondern im Kontext unserer konkreten, sinnlichen Erfahrung, dann kann man zeigen, dass es sich dabei um nichtbegriffliche Formen handelt, die immer schon im Spiel sind, wenn wir einzelne räumliche oder zeitliche Erfahrungen machen. Die Konsequenz ist die Unterscheidung zwischen den Dingen an sich und den Erscheinungen, denn diese Formen sind *unsere* Formen; was wir wahrnehmen und anschauen, ist schon durch sie geformt, so dass es ausgeschlossen ist, dass wir etwas wahrnehmen oder anschauen könnten, was unabhängig von solcher Formung wäre – Dinge an sich.

Dieses Ergebnis bringt Kant auf die berühmte, aber missverständliche Formel »transzendentaler Idealismus und empirischer Realismus«. (Vgl. B 43 f. und B 518 f.) Dass etwas »ideell« sei, bedeutete in der cartesianischen Tradition, dass es im Bewusstsein sei; lat. ›*idea*‹, engl. ›*idea*‹ oder franz. ›*idée*‹ übersetzt man am besten mit ›Bewusstseinsinhalt‹ oder ›Vorstellung‹. Mit der transzendentalen Idealität von Raum und Zeit meint Kant, dass beide nichts seien, sobald »wir die Bedingung der Möglichkeit aller Erfahrung weglassen« (B 44) und sie als Bestimmungen den Dingen an sich zuschreiben; transzendental real wären sie, wenn sie als Bestimmungen der Dinge an sich Erfahrung ermöglichten, aber das kann aus Gründen der Möglichkeit synthetischer Urteile a priori nicht der Fall sein. Zugleich aber ist nach Kant alles, was wir in Raum und Zeit sinnlich erfahren, empirisch real, denn es gründet ja im Gegebenen, zu dem wir Dinge an sich als das »Gebende« hinzudenken müssen, damit die Ausdrücke »Rezeptivität«, »Erscheinung« oder »Gegebenes« Sinn machen. Stets hat sich Kant schärfstens dagegen gewandt, dass seine Philosophie wie in der ersten, ganz inkompetenten Rezension als Idealismus aufgefasst wird (vgl. vor allem Prol A 62 ff.)[9]. In der zweiten Auflage der *Kritik der reinen Vernunft* hat er an zwei Stellen eine »Widerlegung des Idealismus« eingefügt, und auch später hat er stets darauf bestanden, dass seine Lehre nicht idealistisch sei. Unter »Idealismus« verstand man im 18. Jahrhundert die Erkenntnislehre des »*esse est percipi*« (Sein ist Wahrgenommenwerden und nichts anderes), die George Berkeley auf der Grundlage von John Lockes Empirismus als Widerlegung des Materialismus entworfen hatte; Schopenhauers »Die Welt ist meine Vorstellung« ist eine Weiterführung dieses Programms, die nicht im Sinne Kants gewesen wäre. Er hat immer darauf bestanden, dass wir es in der Erfahrung mit wirklichen Dingen und nicht nur mit unseren Vorstellungen von Dingen zu tun haben, obwohl wir von diesen Dingen nur das wissen können, was schon durch die Formung von Raum und Zeit hindurchgegangen ist. Genau deswegen aber ist das Erfahrene zugleich empirisch real und nicht bloß »unsere Vorstellung«. Erst recht ist es ein Missgriff, den »deutschen Idealismus« schon mit Kant beginnen zu lassen; der fängt erst mit Fichte und seiner Liquidation des Dinges an sich an; die authentische Selbstbezeichnung von Kants Lehre lautet »Kritische Philosophie« (Verk A 491).

Denken

Sinnlichkeit und Verstand verhalten sich nach Kant wie Rezeptivität und Spontaneität zueinander, wobei er unter ›Spontaneität‹ das »Vermögen« versteht, »Vorstellungen selbst hervorzubringen« (B 75). Diese Vorstellungen sind Begriffe, und sie werden vom Verstand benötigt, um den »Gegenstand sinnlicher Anschauung« (B 75) denken zu können, denn erst dadurch wird er erkannt. Was ›Denken‹ genauer bedeutet, ist das Thema der »transzendentalen Logik«. Sie unterscheidet sich von der »allgemeinen« oder »reinen« Logik dadurch, dass sie das Denken im Hinblick auf die Möglichkeit synthetischer Urteile a priori untersucht; sie bleibt also nicht bei der Darstellung der »Form des Denkens überhaupt« (B 79) stehen, sondern fragt nach den Anteilen des Denkens an der inhaltlichen Gegenstandserkenntnis. Dazu ist zunächst eine Präzisierung des Begriffs ›Denken‹ erforderlich. Descartes und Locke hatten jede Form des Bewusstseins, in der es sich einer Sache bewusst ist, ›Denken‹ (»cogitare«, »to think«) genannt (vgl. Descartes, Med II, § 14, und Locke II, I 1), und auch wir sind immer noch geneigt, ihnen darin zu folgen, wenn wir ›Ich denke‹ nicht bloß im begrifflichen Sinn, sondern auch gleichbedeutend mit ›Ich meine‹, ›Ich stelle mir vor‹, ›Ich habe vor‹ oder

»Ich beabsichtige« gebrauchen. Mit dieser Überdehnung des Begriffs »Denken« leisteten sie sowohl der »Intellektuierung« des Empirischen wie der »Sensifizierung« des Begrifflichen Vorschub. Kant hingegen geht es darum, das Denken eindeutig dem Verstand zuzuordnen und dann genauer zu bestimmen, worin dessen spezifische Erkenntnisleistung besteht.

Der Verstand ist ein nichtsinnliches Erkenntnisvermögen; da wir nur vermittels der Sinne etwas anschauen können, ist er »kein Vermögen der Anschauung« (B 92). Aber was ist er dann als *Erkenntnis*vermögen? Er stellt ein Vermögen der Begriffe dar, die er selbst spontan hervorbringt, doch was sind *Begriffe*? Kant operiert in seiner Antwort mit zwei Begriffspaaren: »intuitiv vs. diskursiv« und »Affektionen vs. Funktionen«. Dass der Verstand diskursiv verfährt, schließt die Idee einer intellektuellen Anschauung aus; die Frage ist dann, wie man dieses *discurrere* (lat., wörtlich: »auseinander laufen«) genauer bestimmen kann. Kant versteht es im Unterschied zum rezeptiven Affiziertwerden der Sinnlichkeit als ein *spontanes* Tun des Verstandes, das er »Funktion« nennt; auf diesen Funktionen beruhen die Begriffe: »Ich verstehe aber unter Funktion die Einheit der Handlung, verschiedene Vorstellungen unter einer gemeinschaftlichen zu ordnen.« (B 93) An späterer Stelle wird diese Einheitsfunktion »Synthesis« genannt (vgl. B 102 f.), und dies macht deutlich, was genau mit dem »Ordnen« der Vorstellungen gemeint ist: »Ich verstehe [...] unter *Synthesis* in der allgemeinsten Bedeutung die Handlung, verschiedene Vorstellungen zu einander hinzuzutun, und ihre Mannigfaltigkeit in einer Erkenntnis zu begreifen.« (B 103) Wichtig ist, dass Kant dieses Synthesieren der mannigfaltigen Vorstellungen, die uns die Sinnlichkeit liefert, wesentlich als das Formen eines ungeordneten Materials versteht, das der Verstand spontan leistet; dieses Formen ist die spezifische Leistung des Denkens, die das Erkennen des »Gegenstands sinnlicher Anschauung« allererst möglich macht. Ausgehend von der Definition der Erscheinung als »unbestimmter Gegenstand einer empirischen Anschauung« kann man das erkennende Denken auch als ein Bestimmen des Unbestimmten verstehen.[10]

Wenn wir uns die Formen vergegenwärtigen, gemäß denen der Verstand das Ungeformte formt oder das Unbestimmte bestimmt, haben wir nach Kant die Vorstellungen vor uns, die der Verstand selbst spontan hervorbringt – eben die Begriffe. Als Formen wären sie aber gründlich missverstanden, wenn man sie sich in Analogie zu Kuchenformen für Kuchenteig oder ähnlich vorstellte; sie sind Formen der *Synthesis*, d. h. des diskursiven »Hinzutuns« von mannigfaltigen Vorstellungen, bis ein einheitlicher Gegenstand »konstituiert« ist, und deswegen ist der Begriff der *Regel*, den Kant auch verwendet (B 356; Prol A 89 f.), viel geeigneter, um das Spezifische der Erkenntnisleistung des Denkens vor Augen zu stellen. Demzufolge sind Begriffe Regeln, nach denen der Verstand bei der Synthesis des sinnlichen Mannigfaltigen oder bei der Bestimmung des Unbestimmten verfährt; sie sind seine Funktionsregeln.

Was nun diese Theorie der Begriffe zu einer *transzendentalen* Logik macht, ist Kants These, dass zumindest ein Kernbestand von Begriffen a priori sein muss. Natürlich verfügen wir auch über empirische Begriffe wie »Säugetier« oder »Nadelbaum«; empirisch an ihnen ist, dass wir in ihnen bestimmte Merkmale von Gegenstandsarten oder -klassen, die wir aus der Erfahrung kennen, festhalten und sie dann auf einzelne Gegenstände anwenden. Kants These lautet nun, dass darin immer auch Begriffselemente enthalten sind, die *nicht* aus der Erfahrung stammen können. Haben wir etwa einen Nadelbaum vor uns, so fassen wir ihn als *einen* und *nur* einen Gegenstand auf, der *soundso* beschaffen ist, der eine Zeit lang *derselbe* bleibt und der tatsächlich vor uns steht; wir bringen somit Vorstellungen von Quantität, Qualität, Substanzialität und Wirklichkeit ins Spiel, die deswegen nicht empirisch sein können, weil sie Voraussetzungen dafür sind, dass wir überhaupt einen identifizierbaren Gegenstand, also einen Nadelbaum, vor uns haben, und nicht eine ungeordnete, chaotische Menge von Einzeleindrücken.

Diese alle Erkenntnis a priori schon leitenden begrifflichen Bestimmungen nennt Kant »reine Verstandesbegriffe« oder »Kategorien«, und er war davon überzeugt, dass man sie auffinden kann, wenn man die allgemeine Logik zum »Leitfaden«[11] (B 91) nimmt. Von Begriffen kann nämlich »der Verstand keinen anderen Gebrauch machen, als daß er dadurch urteilt« (B 93). So ist der Verstand als Vermögen des Erkennens durch Begriffe nichts anderes als das Vermögen zu urteilen. Das Urteilen aber besteht in der Anwendung eines Begriffs auf einen Gegenstand, oder genauer: einer allgemeinen Vorstellung, die auf viele einzelne Gegenstände zutreffen mag, auf diesen und keinen anderen Gegenstand, um ihn zu bestimmen; in diesem Sinn versteht Kant die Begriffe selbst als »Prädikate möglicher Urteile«. Wenn ich also behaupte: »Dies ist ein Nadelbaum«, habe ich geurteilt, d. h. zur Bestimmung dessen, worauf ich mit ›dies‹ verweise, ein Prädikat ins Spiel gebracht und es mit dem Ausdruck für das zu Bestimmende verbunden. Wenn also das Erkennen durch Begriffe im Urteilen besteht, liegt es nahe, die traditionelle Urteilslehre der allgemeinen Logik zu Hilfe zu nehmen, um die »reinen« Verstandesbegriffe, die wir in all unserer Begriffsbildung schon verwendet haben, aufzufinden. Kant verwendet dabei die Urteilstafel der damaligen Logiklehrbücher mit ihren zwölf Positionen als »Leitfaden der Entdeckung aller reinen Verstandesbegriffe« (B 91) und erreicht so auch wieder die Anzahl zwölf auf der »Tafel der Kategorien« (B 106).

Dieses Verfahren ist nach Kant immer wieder als zu simpel kritisiert worden, und es hängt, was seine Plausibilität betrifft, in der Tat von einem Logikverständnis ab, das nicht mehr das unsere sein kann. Dass es aber Denkbestimmungen a priori gibt, ohne die die Erkenntnis von Gegenständen unmöglich wäre, ist noch nicht widerlegt, wenn man Kants Kategorientafel skeptisch betrachtet. Dies nachzuweisen ist die Aufgabe der »transzendentalen Deduktion der reinen Verstandesbegriffe« (B 129), die als das schwierige Kernstück der gesamten *Kritik der reinen Vernunft* gilt; sie hat Kant auch die größte Mühe gekostet, und er sah sich gezwungen, sie in der zweiten Auflage dieses Werkes erheblich zu modifizieren. Mit »Deduktion« ist dabei nicht Ableitung im Sinn der formalen Logik gemeint; Kant folgt hier der Juristensprache des Römischen Rechts, in der »*deductio*« den Nachweis der Rechtmäßigkeit im Sinne einer Antwort auf »die Frage, was rechtens ist (*quid iuris*)« (B 116), bezeichnet. Der Grundgedanke dieser »Deduktion« erschließt sich vom Begriff der Synthesis her, der nach Kant für alle Verstandesleistungen grundlegend und kennzeichnend ist.

Da es der Verstand ist, der als Vermögen der Synthesis Verbindungen zwischen den mannigfaltigen Anschauungselementen stiftet, ist für Kant klar, dass »wir uns nichts, als im Objekt verbunden, vorstellen können, ohne es vorher selbst verbunden zu haben, und unter allen Vorstellungen die *Verbindung* die einzige ist, die nicht durch Objekte gegeben, sondern nur vom Subjekte selbst verrichtet werden kann, weil sie ein Actus seiner Selbsttätigkeit ist [...]. Verbindung ist Vorstellung der *synthetischen* Einheit des Mannigfaltigen. Die Vorstellung dieser Einheit kann also nicht aus der Verbindung entstehen, sie macht vielmehr dadurch, daß sie zur Vorstellung des Mannigfaltigen hinzukommt, den Begriff der Verbindung allererst möglich.« (B 129 f.) Das Problem der Deduktion der reinen Verstandesbegriffe, die uns dazu befähigen, uns ursprünglich Unverbundenes »als im Objekt verbunden« vorzustellen, besteht darin zu zeigen, dass es sich dann, wenn wir uns solche Verbindungen vorstellen, nicht bloß um *unsere* Vorstellungsverbindungen handelt, sondern um Vorstellungen von etwas, was *im Gegenstand selbst* miteinander verbunden ist. Da wir Begriffe verwenden, um zu urteilen, handelte es sich im ersten Fall nur um »Wahrnehmungsurteile«, die bloß »subjektiv gültig« sind – sie sagen nur aus, wie das Vorgestellte in unserer Vorstellung verbunden ist; es geht in der Erkenntnis aber um »Erfahrungsurteile«, die »objektive Gültigkeit haben«. (Prol A 78) Dementsprechend ist der Nachweis, dass der Gebrauch von reinen Verstandesbegriffen unter bestimmten Bedingungen tatsächlich *objektive* Erkenntnis bereitstellt, das Ziel der transzendentalen Deduktion. Deren einzelne Schritte sind in der zweiten Auflage der *Kritik der reinen Vernunft* in einer Reihe schwieriger Paragraphen dargestellt.

Der Schlüsselbegriff ist dabei der der »ursprünglich-synthetischen Einheit der Apperzeption« (B 131). »Apperzeption« ist der seit Leibniz geläufige Ausdruck für das Selbstbewusstsein, das Kant mit »Ich denke« wiedergibt, von dem er sagt, dass »es alle meine Vorstellungen« muss »begleiten können« (ohne sie freilich immer tatsächlich zu begleiten). Nach Kant ist nur dadurch, dass ich im Prinzip stets ›Ich denke‹ vor eine Vorstellung setzen kann, eine Vorstellung *meine* Vorstellung, also meinem Bewusstsein zugänglich. Dieses »Ich denke« ist »rein«, d. h. es kann nicht aus der Erfahrung stammen, weil ich ohne es gar keine Erfahrung machen könnte. Kant sagt dann, dass dieses »Ich denke« »ursprünglich-synthetisch« sei, und zwar in zweifachem Sinne: zum einen, weil es als grundlegender Modus von Denken überhaupt der Ursprung von Synthesis ist, und andererseits, weil ja auch im Hinblick auf mein Selbstbewusstsein gilt, dass die Fülle meiner Selbstwahrnehmungen nur durch Synthesis zu der Einheit eines »Ich« zusammengefügt worden sein kann. (Vgl. B 131 ff.) Im Ergebnis versucht Kant zu zeigen, dass das »Ich denke« als die ursprünglich-synthetische Leistung des Verstandes, die sich in den verschiedenen Kategorien manifestiert, genau dann die Basis nicht nur der bloß subjektiven Wahrnehmungsurteile, sondern der objektiv-gültigen Erfahrungsurteile ist, wenn sich das Denken auf das in Raum und Zeit Gegebene bezieht und es gemäß seiner eigenen Synthesisformen bestimmt. Eine »objektivere« Objektivität existiert nicht, denn »ein jeder Gegenstand steht unter den notwendigen Bedingungen der synthetischen Einheit des Mannigfaltigen der Anschauung in einer möglichen Erfahrung«. (B 197) Daraus folgt: Sinnlichkeit und Verstand als »die Bedingungen der *Möglichkeit der Erfahrung* überhaupt sind zugleich Bedingungen der *Möglichkeit der Gegenstände der*

Erfahrung« (B 197), und andere Gegenstände können wir nicht erkennen.

Damit hat Kant auch im Prinzip die Frage beantwortet, wie synthetische Urteile a priori möglich und gültig sind; sie sind objektiv gültig, wenn der Verstand in Übereinstimmung mit den Kategorien und im strengen Bezug auf das in Raum und Zeit Gegebene urteilt. In der weiteren Ausführung der *Transzendentalen Logik* hat Kant solche objektiv gültigen synthetischen Urteile a priori präsentiert – in seiner »Analytik der Grundsätze«. Das berühmteste Beispiel für einen solchen Grundsatz ist die »Zweite Analogie der Erfahrung«: »Alles, was geschieht (anhebt zu sein), setzt etwas voraus, worauf es *nach einer Regel* folgt« (A 189) bzw. »Alle Veränderungen geschehen nach dem Gesetze der Verknüpfung der Ursache und Wirkung« (B 232). Man nennt dies das »Kausalitätsprinzip«. David Hume hatte bezweifelt, dass es universell und objektiv gilt, weil es bloß das Resultat des subjektiven Gewöhntseins an erlebte Regelhaftigkeiten repräsentiere, und er hatte mit dieser skeptischen Haltung Kant aus dem »dogmatischen Schlummer« (vgl. Prol A 13) erweckt. Kant hingegen führt dieses Prinzip auf den reinen Verstandesbegriff einer »Relation der Kausalität und Dependenz« (B 106) zurück, der gemäß der geleisteten Deduktion in strengem Bezug auf das in Raum und Zeit Gegebene die »Zweite Analogie der Erfahrung« als objektiv gültiges synthetisches Urteil a priori begründet. Generell gilt somit: Synthetische Urteile a priori sind möglich und gültig innerhalb der Grenzen möglicher Erfahrung.

Bis hierher war von der Vernunft noch gar nicht die Rede, obwohl sie doch der zentrale Gegenstand der kritischen Philosophie ist. Wie der Verstand ist sie ein Vermögen des Denkens; so gilt auch für die Vernunft das vom Verstand Gesagte, dass sie wesentlich ein Vermögen der Synthesis ist. Vom Verstand unterscheidet sie allerdings, dass die Vernunftsynthesis auf einem höheren Niveau stattfindet: »Alle unsere Erkenntnis hebt von den Sinnen an, geht von da zum Verstande, und endigt bei der Vernunft, über welche nichts Höheres in uns angetroffen wird, den Stoff der Anschauung zu bearbeiten und unter die höchste Einheit des Denkens zu bringen.« (B 355) Daraus ergibt sich ein zweistufiges Synthesismodell: Der Verstand bringt durch die Anwendung der Kategorien auf das sinnliche Mannigfaltige eine Vielzahl von Einzelerkenntnissen hervor, die unser Interesse an einer einheitlichen und durchsichtigen Weltsicht unbefriedigt lassen, und genau hier setzt die Vernunft ein. »Sie geht also niemals zunächst auf Erfahrung, oder auf irgend einen Gegenstand, sondern auf den Verstand, um den mannigfaltigen Erkenntnissen desselben Einheit a priori durch Begriffe zu geben, welche Vernunfteinheit heißen mag, und von ganz anderer Art ist, als sie von dem Verstande geleistet werden kann.« (B 359) Auch hier gilt, dass die Vernunfteinheit der Erkenntnisse ihnen selbst nicht einfach entnommen werden kann; vielmehr setzt sie spezifische Begriffe a priori voraus, die Kant im Unterschied zu den »reinen« Verstandesbegriffen oder Kategorien »Ideen« nennt.

Um diese »reinen« Vernunftbegriffe zu ermitteln, folgt er wieder dem Leitfaden der traditionellen Logik und bestimmt die Vernunft im Unterschied zum Verstand nicht als Vermögen zu urteilen, sondern zu *schließen*. Was Schlüsse sind, zeigt uns nach Kant der traditionelle Syllogismus – etwa der Form ›Alle A sind B; alle C sind A; also sind alle C B‹; er verknüpft einzelne Urteile so, dass sich ein neues Urteil ergibt, aber eben nicht durch eine Synthesis von Anschauungen im Urteil, sondern durch eine Synthesis schon vorliegender Urteile. Was diese »höhere« Synthesis« ermöglicht, kann nun nicht von derselben Art wie die Urteile sein, um deren Synthesis es geht.

Kant hat das Spezifische des Verstandes mit dem Regelbegriff charakterisiert, und so sagt er dann: »Der Verstand mag ein Vermögen der Einheit der Erscheinungen vermittelst der Regeln sein, so ist die Vernunft das Vermögen der Einheit der Verstandesregeln unter Prinzipien.« (B 359) Prinzipien im logischen Sinn sind nach Kant die Sätze, die wie »Alle A sind B« als Obersätze vorausgesetzt werden müssen, damit der Schluss »schließt«, d. h. die logische Synthesis gelingt; so ist ein Prinzip für die Vernunft in Kants Worten »die allgemeine Bedingung ihres Urteils (des Schlußsatzes)« (B 364). Bei einzelnen Schlüssen sind solche Prinzipien natürlich nur Prinzipien im relativen Sinne des Wortes; sie sind Bedingungen des Schließens, die selbst bedingt sind durch übergeordnete, allgemeinere Schlüsse. Die »Vernunfteinheit« wäre erst dann erreicht, wenn man alle Bedingungen der Bedingungen ermittelt hätte, deren Totalität selbst nicht mehr bedingt sein kann; sie ist »absolut«, also von allen Bedingungen »abgelöst«, denn sie enthält sie ja alle in sich. Daraus ergibt sich für Kant im Hinblick auf die Erkenntnis der »eigentümliche Grundsatz der Vernunft überhaupt (im logischen Gebrauche) [...]: zu dem bedingten Erkenntnisse des Verstandes das Unbedingte zu finden, womit die Einheit desselben vollendet wird« (B 364). Es ist also der »logische Trieb« der Vernunft selbst, nicht im Felde der sinnlichen Erfahrung, wo der Verstand Einheit durch Begriffe stiftet, zu verharren; sie kann sich mit der Vielzahl solcher bedingten Erkenntniseinheiten nicht zufrieden geben und sucht notwendig nach der »*Totalität der Bedingungen* zu einem gegebenen Bedingten. Da nun das Unbedingte allein die Totalität der Bedingungen möglich macht, und umgekehrt die Totalität der Bedingungen jederzeit selbst unbedingt ist: so kann ein reiner Vernunftbegriff überhaupt durch den Begriff des Unbedingten, so fern er einen Grund der Synthesis des Bedingten enthält, erklärt werden.« (B 379)

Nach Kant sind es drei Vernunftbegriffe, mit denen die Vernunft das Unbedingte ins Auge fasst und zu erkennen strebt. Die Ableitung dieser »Ideen« aus den logischen Funktionen der Vernunft bildet eines der Glanzstücke der *Kritik der reinen Vernunft*, und sie beendet in einer geradezu salomonischen Weise den Streit um die »eingeborenen Ideen« zwischen Rationalisten und Empiristen. Der rationalistischen Partei gibt Kant darin Recht, dass wir über Vorstellungen verfügen, die wir nicht aus der Erfahrung bezogen haben können; dazu gehören neben Raum und Zeit und den Kategorien auch die reinen Vernunftbegriffe. Die Empiristen können sich dagegen durch die These bestätigt fühlen, dass diese Ideen nicht »eingeboren«, d. h. nicht einfach in uns vorhanden und dort wahrnehmbar sind. Ihren Status erklärt Kant in genauer Analogie zu der Existenz der Kategorien: So wie die reinen Verstandesbegriffe die verschiedenen Formen der Verstandessynthesis repräsentieren, so stellen uns die reinen Vernunftbegriffe die Grundmuster der Vernunftsynthesis vor Augen – also die »absolute Totalität in der Synthesis der Bedingungen« als das »schlechthin, d. i. in jeder Beziehung, Unbedingte« (B 382). Diese Begriffe des Unbedingten werden demnach von unserer Vernunft selbst notwendig produziert, denn sie kann nach Kant gar nicht anders, als ihrem »logischen Trieb« zu folgen und nach der höchsten Synthesis zur Einheit zu streben, die sich die Vernunft in der Form der Ideen vergegenwärtigt.

Den »Leitfaden« für diese Begriffe des Unbedingten stellt Kant zufolge wieder die herkömmliche Logik bereit, und zwar in der Lehre von den Schlüssen, in der zwischen kategorischen, hypothetischen und disjunktiven Schlussformen unterschieden wurde. Das schon erwähnte »Alle A sind B« etc. ist ein Beispiel für den kategorischen (behauptenden) Schluss, denn die erste Prämisse ist ein einfacher Behauptungssatz; hypothetische Schlüsse operieren hingegen mit einem ›Wenn …, dann …‹ als Obersatz, während der disjunktive Schluss die Form, »Nicht A, B, C, also D« hat. Kant versucht zu zeigen, dass man, wenn man im Medium dieser Schlussformen die Totalität der Bedingungen für das »Schließen« dieses Schlusses zu ermitteln versucht, unvermeidlich zu drei Formen von Unbedingtem gelangt: zu der eines Subjekts, »das selbst nicht mehr Prädikat ist«, dann zu der einer »Voraussetzung, die nichts weiter voraussetzt«, und drittens zu der eines »Aggregats der Glieder der Einteilung, zu welchen nichts weiter erforderlich ist, um die Einteilung eines Begriffs zu vollenden« (B 379).

Dieses Modell wendet Kant dann auf unsere Vorstellungen an, um zu konkretisieren, wohin in diesem Bereich die Schlüsse aufs Unbedingte führen. Ihm zufolge »ist alles Verhältnis der Vorstellungen, davon wir entweder einen Begriff, oder Idee machen können, dreifach: 1. das Verhältnis zum Subjekt, 2. zum Mannigfaltigen des Objekts in der Erscheinung, 3. zu allen Dingen überhaupt.« Es gleicht einem Parforceritt, wie Kant diese Dreiheit mit der der Schlussformen in Verbindung bringt und behauptet, dass sich durch deren Anwendung auf unsere Vorstellungsverhältnisse und deren Expansion bis zum Unbedingten alle reinen Vernunftbegriffe ergeben und dass sie sich »unter *drei Klassen* bringen lassen, davon die *erste* die absolute (unbedingte) *Einheit des denkenden Subjekts*, die *zweite* die absolute *Einheit der Reihe der Bedingungen der Erscheinung*, die *dritte* die absolute *Einheit der Bedingungen aller Gegenstände des Denkens* überhaupt enthält« (B 391). Damit beansprucht Kant, die drei großen Themen der Metaphysik seiner Zeit aus der Vernunfttätigkeit selbst rekonstruiert zu haben: »Das denkende Subjekt ist der Gegenstand der *Psychologie*, der Inbegriff aller Erscheinungen (die Welt) der Gegenstand der *Kosmologie*, und das Ding, welches die oberste Bedingung der Möglichkeit von allem, was gedacht wird, enthält (das Wesen aller Wesen), der Gegenstand der *Theologie*.« (B 391) Diese drei Wissenschaften als Teilgebiete der Metaphysik, zu der noch die Ontologie als allgemeine Gegenstandstheorie gehörte, verstanden sich als »rationale« Disziplinen; sie glaubten, »aus reiner Vernunft« etwas Nichttriviales über die Seele, die Welt und Gott ermitteln zu können, und zwar in der Form synthetischer Urteile a priori. Kant zeigt überdies, dass solche Versuche nicht einfach Unsinn sind, sondern dass die metaphysischen Fragen sich unvermeidlich dem gründlichen Nachdenken aufdrängen, und so kann man bei ihm von der Rehabilitierung der Metaphysik gegenüber ihren Verächtern sprechen, die im empiristisch gestimmten Jahrhundert der Aufklärung die Oberhand gewonnen zu haben schienen.

Gleichwohl gilt, was Kant ganz zu Beginn der *Kritik der reinen Vernunft* sagt: »Die menschliche Vernunft hat das besondere Schicksal in einer Gattung ihrer Erkenntnisse: daß sie durch Fragen belästigt wird, die sie nicht abweisen kann, denn sie sind ihr durch die Natur der Vernunft selbst aufgegeben, die sie aber auch nicht beantworten kann, denn sie übersteigen alles Vermögen der menschlichen Vernunft.« (A VII) Das ist der Grund, warum nach Kant Metaphysik als Wissenschaft noch gar nicht existiert: Die Vernunft kann gar nicht anders, als sich diesen Fragen zu stellen, doch die Antworten fallen chaotisch aus, solange die Vernunft nicht selbst genau bestimmt, wozu sie fähig ist und wozu nicht, und genau dies ist das Geschäft der Vernunftkritik. Ohne Kritik folgt die Vernunft einfach ihrem »logischen Trieb«, greift aus aufs Unbedingte und gerät so in die Welt des »transzendentalen Scheins« (B 349 ff.). Der besteht darin, dass man das subjektiv Denknotwendige für objektiv gültig hält; da wird die »logische Erörterung des Denkens überhaupt [...] fälschlich für eine metaphysische Bestimmung des Objekts gehalten« (B 409). Auf diese Weise erscheint das, was wir uns unvermeidlich mit unseren reinen Vernunftbegriffen vorstellen – also die Seele, die Welt als Ganzes und Gott – als eine Trias von höheren Erkenntnisgegenständen. Kant nennt dies sogar eine »natürliche und unvermeidliche Illusion«, die man nicht abschaffen, sondern nur durchschauen könne. (B 354) Den Teil der Transzendentalen Logik, die die Theorie und Kritik dieses »transzendentalen Scheins« umfasst, bezeichnet er als »transzendentale Dialektik«; sie enthält die »Logik« der Vernunft im

Unterschied zu der des Verstandes, die bei Kant »transzendentale Analytik« heißt.[12]

Bezogen auf die herkömmliche Metaphysik ist die Funktion
der transzendentalen Dialektik vor allem *negativ*. Während
feststeht, dass synthetische Urteile a priori nur innerhalb der
Grenzen möglicher Erfahrung möglich und gültig sind, kann
dies für die metaphysischen Urteile nicht zutreffen, denn sie
überschreiten ja mit ihrem Ausgriff auf das Unbedingte, das
niemals in der Erfahrung gegeben sein kann, jene Grenzen
und versuchen, Dinge an sich zu erkennen. Aber dabei belässt
es Kant nicht; er unternimmt es, in geradezu akribischer
Kleinarbeit die Argumentationsstrukturen der rationalistischen Metaphysik freizulegen und dabei genau die Punkte anzugeben, an denen sich die metaphysische Vernunft in ihren
eigenen unvermeidlichen Illusionen verfängt. Die Metaphysik
ist eben viel zu wichtig, als dass man sie zugunsten der empirischen Wissenschaft oder gar des Common Sense einfach auf
sich beruhen lassen könnte.

In der rationalen Psychologie ging es vor allem um den Beweis
der Unsterblichkeit der Seele; Kant zeigt, dass sie hier einem
»Paralogismus« aufsitzt, d. h. einem Fehlschluss, indem aus
dem »Ich denke« als unvermeidlicher subjektiver Voraussetzung all unserer Bewusstseinsakte auf ein Ich als vermeintlicher Gegenstand einer nichtempirischen Erkenntnis geschlossen wird. – Die rationale Kosmologie ist das Feld der
Antithetik der Vernunft; hier verwickelt sie sich unvermeidlich in Widersprüche, weil sie bezogen auf das Ganze der Welt
etwas beweisen zu können glaubt, aber mit gleicher Stringenz
auch das Gegenteil: Hatte die Welt einen zeitlichen Anfang?
Sie *muss* einen Anfang gehabt haben, denn sonst wäre ja zu jedem Zeitpunkt schon eine unendliche Zeit vergangen, und
weil »unendlich + 1« wieder »unendlich« ergibt, könnte man
keinen Zeitpunkt von einem anderen unterscheiden. Zugleich
kann die Welt *keinen* Anfang in der Zeit gehabt haben, denn
was sollte davor gewesen sein?[13] – Das Zentrum der rationalen
Theologie hingegen waren die Gottesbeweise, also die Versu-

che, aus reiner Vernunft und unabhängig von der Offenbarung die Existenz Gottes zu beweisen und ihm bestimmte Eigenschaften zuzusprechen.

Die Erinnerung an die Bedingungen der Möglichkeit synthetischer Urteile a priori, deren Grundlage die Unterscheidung der Dinge an sich von den Erscheinungen abgibt, bedeutet für die Metaphysik: Es gibt keine rationale Psychologie, denn was wir über uns selbst wissen, beruht immer auf *Erfahrung*; die Theorie des »Ich denke« hingegen gehört in die transzendentale Logik, die deswegen keine empirische Disziplin ist, weil sie allererst zu zeigen versucht, wie Erfahrung überhaupt möglich ist, und dies nicht schon voraussetzen kann.[14] – Den kosmologischen Antinomien kann man nur entgehen, indem man akzeptiert, dass sie auf einem unserem Welterkennen unzugänglichen Terrain auftreten, wo man versucht, über die Dinge an sich jenseits aller Erscheinungen etwas auszumachen. Die Welt als Ganzes ist aber kein Erfahrungsgegenstand, und darum kann es Kosmologie nur als Erfahrungswissenschaft geben. – Den Gottesbeweisen widmet Kant einen weiteren breiten Abschnitt der transzendentalen Dialektik, und er trägt damit der Tatsache Rechnung, dass die Gottesfrage zu seiner Lebenszeit für die Menschen eine Bedeutung hatte, die wir uns heute kaum noch vergegenwärtigen können. Die verschiedenen Formen der einschlägigen Argumente reduziert Kant auf einen Kern: auf die Frage nämlich, ob die Existenz, die man auf unterschiedliche Weise dem Begriff Gottes glaubte entnehmen zu können, tatsächlich zu seinem Begriff gehört oder nicht. Er zeigt, dass Existenz kein »reales Prädikat« ist: Fügt man 100 Talern die Existenz hinzu, um sie von bloß gedachten 100 Talern zu unterscheiden, hat man diese Menge nicht *vermehrt*. Wenn aber Existenz prinzipiell keine solche Bestimmung ist, kann sie Gott als dem vollkommenen Wesen zu seiner Vollkommenheit auch nicht *fehlen*; somit kann die Existenz ihm aus bloß begrifflichen Gründen auch nicht zukommen. Will man Gott die Existenz zusprechen, ist ein synthetisches Urteil a priori erforderlich, und darüber verfügen wir nicht außerhalb der Erfahrungsgrenzen; es gibt keine »reine Vernunfterkenntnis aus bloßen Begriffen« (MAN A VII).

Das ist aber nicht Kants letztes Wort über das metaphysische Erbe. Sind die Seele, die Welt als Ganzes und Gott auch keine Erkenntnisgegenstände, sind sie doch Vorstellungen, die die Vernunft unvermeidlich hervorbringt, und sie können deswegen nicht einfach bedeutungslos sein. Kant versteht diese reinen Vernunftbegriffe als *regulative Ideen*: Obwohl sie anders als die reinen Verstandesbegriffe prinzipiell keine Gegenstandserkenntnis zu bewirken vermögen, haben sie dennoch eine wichtige Funktion innerhalb des Erkenntnisprozesses. Diese besteht darin, die einzelnen Verstandeserkenntnisse zu »regulieren«, zu organisieren und sie auf ein anzustrebendes Erkenntnisziel hin zu ordnen, ohne freilich beanspruchen zu können, dass solche Ziele schon erreicht seien. Zumindest uns selbst und die Welt im Ganzen zu erkennen – das ist für Kant ein *unvermeidliches* Bestreben, das all unserem Wissen überhaupt erst inneren Zusammenhang und einen Sinn verschafft. Im Gesamtwerk Kants wird die Bedeutung dieser bloß regulativen Ideen noch dadurch unterstrichen, dass sie in der Ethik als »Postulate der praktischen Vernunft« wiederkehren – in der Trias »Gott, Freiheit und Unsterblichkeit«.

Kants strikte Unterscheidung zwischen Verstand und Vernunft gehört ebenso wie diejenigen zwischen »Ding an sich und Erscheinung« und »Sinnlichkeit und Verstand« zu den Entgegensetzungen, die Nachfolger zu immer erneuten Vermittlungsversuchen provozierten. Die Vernunft aus dem Feld möglicher wissenschaftlicher Erkenntnis ausschließen zu wollen und ihr nur eine regulative Funktion zuzusprechen, das war nach Kant vielen zu wenig. Tatsächlich hatte Kant mit seiner Grenzbestimmung unserer Vernunftfähigkeiten die *Endlichkeit* unserer Vernunft deutlich markiert, aber damit wollte sich vor allem der deutsche Idealismus nicht zufrieden geben. Die Geister schieden sich letztlich an der Frage nach dem Ding an sich; wenn man es mit Fichte als verfehlte Gedankenbestimmung aus dem Feld räumen konnte, dann stand auch die These von der endlichen Menschenvernunft zur Disposition und eine neue Philosophie des Absoluten auf der Tagesordnung. In deren Perspektive konnte dann Hegel behaupten, Kant habe nur deshalb die Vernunft als endlich diskreditieren können, weil er sie zuvor auf den Verstand reduziert habe; die wahre Vernunft hingegen hätte die Widersprüche, die Kant in der Antithetik der Vernunft zur Vernunftkritik motiviert hatten, als ihr eigentliches Element und als Motor auf dem Weg zur Wahrheit zu erkennen. Demzufolge ist dann die Dialektik nicht länger eine Logik des Scheins, sondern der angeblich wahren philosophischen Erkenntnis.

Der wohl bekannteste Satz Kants lautet: »Handle so, daß die Maxime deines Willens jederzeit zugleich als Prinzip einer allgemeinen Gesetzgebung gelten könne.« (KpV A 54) Diese auch »Kategorischer Imperativ« genannte Formel bezeichnet Kant selbst als das »Sittengesetz« (KpV A 56) und als »Grundgesetz der reinen praktischen Vernunft« (KpV A 54). Schon daran werden die Grundzüge seiner praktischen Philosophie deutlich. »Praktische Philosophie« bedeutet nicht, dass hier die Philosophie praktisch würde, sondern Wissenschaft *von* der Praxis, d. h. vom Handeln der Menschen; als Wissenschaft kann sie sich nicht damit bescheiden, dieses Handeln nur zu beschreiben, vielmehr ist es gemäß dem neuzeitlichen Wissenschaftsverständnis ihre Aufgabe, die ersten Prinzipien menschlicher Praxis aufzusuchen und darzustellen. Kant beansprucht, dem mit der Formulierung des Kategorischen Imperativs als des »Sittengesetzes« nachgekommen zu sein. Das Wort »Sitten« ist nicht in dem uns vertrauten engen Sinn von Sittlichkeit oder gar von Volkssitten zu verstehen, sondern als Übersetzung von lat. ›*mos, mores*‹ – ›Sitte, Brauch, Gesittung‹. Darum umfasst Kants Moralphilosophie neben der Moral im engeren Sinn auch die Prinzipien des Rechts und der Politik, mithin des gesamten menschlichen Handlungsfelds. Das Wort »*mos*« aber ist in der philosophischen Fachsprache die lateinische Übersetzung von griech. *éthos,* was genau dasselbe bedeutet, und darum sind bei Kant die Ausdrücke »Moralphilosophie« und ›Ethik‹ synonym.

An dem von Kant präsentierten »Grundgesetz« der »Sitten« fällt zunächst auf, dass es die Form eines *Imperativs*, eines Gebots oder einer Vorschrift besitzt; da dies alles bestimmt, was sich daraus ableiten lässt, ist seine Ethik *deontologisch* (griech. *deî* – es ist nötig, man muss; *tà déonta* – die Pflicht),

d. h. eine *Sollens-* oder *präskriptive Pflicht*ethik. Sie ist somit nicht an den Prinzipien oder Gesetzen interessiert, nach denen die Menschen faktisch handeln, und auch nicht an der Beschreibung dessen, was da und dort für Pflicht gehalten wird, sondern ausschließlich an dem, was uns selbst verpflichtet und objektiv unsere Pflichten begründet.

Die ausschließliche Orientierung am Sollen und Gesollten unterscheidet Kants Lehre dann auch von den beiden Traditionen der *Wert-* und der *Güter*ethik, deren Gründerväter Platon und Aristoteles sind. Für Platon stellt die Idee des Guten dasjenige dar, was in der Terminologie des 19. Jahrhunderts als der oberste »Wert« gilt; an ihm hat sich gutes Leben und Handeln zu orientieren, wenn es gelingen soll; Aristoteles zufolge ist das höchste Gut, um dessentwillen alles als etwas Gutes angestrebt wird, die Glückseligkeit. In beiden Konzeptionen kommt das Sollen durchaus vor, allerdings in ganz abgeschwächter Form und weit davon entfernt, gar das Prinzip des moralisch Guten zu sein; das bleibt hier gänzlich eine Sache des richtigen Erkennens.

Kants Moralphilosophie hebt sich ferner von anderen Konzeptionen dadurch ab, dass sie eine *Vernunft*ethik ist – genauer: eine Ethik der *praktischen* Vernunft. Das trennt sie auf der einen Seite von der von Shaftesbury, Hutcheson und Hume vertretenen und später von Schopenhauer wieder aufgenommenen Überzeugung, die Grundlagen der Moral seien in einem speziellen moralischen Sinn (*moral sense*) oder *Gefühl* aufzusuchen; hier besteht Kant auf der praktischen *Vernunft*. Die andere Abgrenzung Kants betrifft die Reduktion der sittlichen auf theoretische Einsicht, wie sie nach dem Vorbild der platonisch-aristotelischen Tradition auch Christian Wolffs *Philosophia practica universalis* bestimmte. Der Schlüsselbegriff war dabei der der Vollkommenheit, wobei angenommen wurde, dass die Seele, wenn sie das Vollkommene erkannt habe, dies auch zu realisieren strebe (vgl. Henrich 236); demgegenüber verweist Kant auf die Eigenständigkeit der praktischen Vernunft und ihrer Prinzipien.

Diese Besonderheiten der praktischen Philosophie Kants sollen im Folgenden in ihrem sachlichen Zusammenhang erläutert werden; dabei wird es immer auch um den Nachweis gehen, dass es sich hier um eine Ethik der *Endlichkeit* handelt, die sich zudem bis heute im Kreuzfeuer der Kritik befindet. Die beiden wichtigsten Vorwürfe betreffen zum einen den angeblichen *Rationalismus* dieser Ethik, der die Gefühle und Neigungen zugunsten einer »kalten« Pflichtauffassung geringschätze, und dann vor allem den immer wieder bemängelten *Formalismus*, der es diesen Kritikern zufolge gestatte, alles und jedes als moralisch geboten und damit als Pflicht auszuweisen; ein weiterer Kritikpunkt ist der des *Rigorismus*, dem sich Kant selbst nicht ohne Grund ausgesetzt hat. Auf diese Einwände wird im Folgenden einzugehen sein.

Sein und Sollen

»*Natur* ist das *Dasein* der Dinge, so fern es nach allgemeinen Gesetzen bestimmt ist« (*Prol* A 71); diesem formalen Naturbegriff zufolge gehören die Prinzipien und Gesetze, nach denen das geschieht, was geschieht, wenn die Menschen handeln, zur Naturwissenschaft, und in diesem Sinne sind dann auch die Psychologie, die physische Anthropologie und alles, was wir heute den Sozialwissenschaften zurechnen, naturwissenschaftliche Disziplinen. Die Frage ist, wie unter dieser Prämisse die Eigenständigkeit der praktischen Philosophie begründet werden kann. Bei Aristoteles geschah dies ontologisch, d. h. durch die Unterscheidung verschiedener Seinsbereiche; handelt die Physik von dem Beweglichen und Veränderlichen, das das Prinzip und die Ursache der Bewegung und Veränderung in sich selbst hat, so die Ethik von dem Beweglichen und Veränderlichen, bei dem dies nicht der Fall ist, mithin von den menschlichen Handlungen und Handlungsfolgen, denn deren Prinzip und Ursache sind die

Handelnden selbst. (Vgl. Aristoteles, Met 1025b 19 ff.; auch 1064a 10 ff.)

Solche Vorgaben sind einer kritischen Philosophie verwehrt, denn sie nehmen schon eine bestimmte Metaphysik in Anspruch, um deren Möglichkeit es ja allererst geht; auch in der praktischen Philosophie ist der kritische Weg »allein noch offen«. Wenn man somit die Sonderstellung der praktischen Philosophie nicht einfach zugunsten einer allgemeinen Naturwissenschaft aufgeben und damit Naturalist werden möchte, muss das Unterscheidungsprinzip in der Vernunft selbst aufgefunden werden; für Kant besteht es in der Differenz zwischen dem *Sein* und dem *Sollen*: »Das Sollen drückt eine Art von Notwendigkeit und Verknüpfung mit Gründen aus, die in der ganzen Natur sonst nicht vorkommt. Der Verstand kann von dieser nur erkennen, *was da ist*, oder gewesen ist, oder sein wird. Es ist unmöglich, daß etwas darin anders *sein soll*, als es in allen diesen Zeitverhältnissen in der Tat ist.« (B 575)

Dass die Ethik wesentlich mit dem Sollen und dem Gesollten verknüpft sei, ist ein alter Gedanke. Schon der Dekalog besteht aus Imperativen der Form »Du sollst …« und »Du sollst nicht …«. In der griechischen Tradition ist es die Stoa, die die Ethik als Pflichtenlehre begründet; ihre Grundgedanken waren der Nachwelt vor allem durch die Werke Ciceros bekannt. (Vgl. dazu Delekat 257; auch Kersting) Sie argumentiert mit dem Naturgesetz (*lex naturae*), wenn sie ihren obersten ethischen Grundsatz verteidigt: »Gemäß der Natur leben«. Gemeint ist damit nicht nur kluge Anpassung an das, was in der Natur ohnehin geschieht; vielmehr gilt hier das Gesetz, nach dem es geschieht, der *lógos*, zugleich als *nómos*, d. h. als Vorschrift, der gemäß alles zu geschehen hat; so gesehen ist im Stoizismus die Naturwissenschaft immer zugleich und in erster Linie praktische Philosophie. Die Tradition des christlichen und des neuzeitlich-profanen Naturrechtsdenkens ist weitgehend von der stoischen Ethik und ihrem spezifischen Gesetzesdenken geprägt, in dem niemals deutlich zwischen dem deskriptiv-explanatorischen und dem normativen Sinn des

Gesetzesbegriffs unterschieden wurde – also zwischen realen Gesetzmäßigkeiten und Gesetzesvorschriften.[15] Kants Bedeutung für die Geschichte der praktischen Philosophie besteht nicht zuletzt darin, dass er jene traditionelle Doppeldeutigkeit ganz auflöste und darauf bestand, dass wir es in der Philosophie mit zwei prinzipiell verschiedenen und nicht aufeinander reduzierbaren Gesetzesarten zu tun haben: den Gesetzen des Seins und den Gesetzen des Sollens und Gesollten.

Wichtig ist dann zu zeigen, dass es sich hier nicht bloß um einen grammatischen Unterschied zwischen Gesetzesformeln handelt; die Differenz zwischen Sein und Sollen muss einen *sachlichen* Grund haben, der in der Perspektive der sich selbst kritisierenden Vernunft aufzuweisen ist. Schon in der *Kritik der reinen Vernunft* spricht Kant von den Imperativen, »welche wir in allem Praktischen den ausübenden Kräften als Regeln aufgeben« (B 575). Der *Grundlegung zur Metaphysik der Sitten* zufolge finden wir diese Regeln immer schon am Werk in der »gemeinen sittlichen Vernunfterkenntnis«, die »keiner Wissenschaft und Philosophie« bedarf, »um zu wissen, was man zu tun habe, um ehrlich und gut, ja sogar, um weise und tugendhaft zu sein« (GMS BA 21).[16] Es ist also nicht die Aufgabe der Ethik, die Menschen Mores zu lehren, und dennoch »bedarf selbst die Weisheit – die sonst wohl mehr im Tun und Lassen, als im Wissen besteht – doch auch der Wissenschaft, nicht um von ihr zu lernen, sondern ihrer Vorschrift Eingang und Dauerhaftigkeit zu verschaffen« (GMS BA 22 f.). Kant verortet somit die Wirklichkeit des vom Sein zu unterscheidenden Sollens im vorphilosophischen Wissen von dem, was moralisch geboten oder Pflicht ist; die praktische Philosophie kann dieses Wissen nicht erzeugen, aber sie hat es zu klären, zu sichern und gegen den ethischen Skeptizismus zu verteidigen, dessen Vertreter behaupten, es gebe gar keine Moral. So wie Kant in der theoretischen Philosophie die Wirklichkeit von synthetischen Urteilen a priori in Mathematik und Naturwissenschaft voraussetzt und dann fragt, wie sie möglich seien, so knüpft seine Ethik an das faktische Bewusstsein dessen an, was Pflicht ist; aber dann beginnt die philosophische Arbeit erst, denn auch das faktische Pflichtbewusstsein braucht die Kritik, weil nicht alles, was wir für unsere Pflichten halten und uns als Pflicht zugemutet wird, auch wirklich Pflicht ist.

Für Kant ist dieses Problem nur dann lösbar, wenn wir nicht beim singulären Sollen stehen bleiben, wie es uns in einzelnen Anordnungen oder Befehlen entgegentritt; dies ist der Grund für die wesentliche, aber bestreitbare Prämisse der kantischen Ethik, dass das Sollen, wenn es moralisch relevant und nicht nur Ausdruck faktischer Zwangsverhältnisse sein soll, selbst *gesetzesartig* sein, d. h. die Form allgemeiner Vorschriften aufweisen müsse. Dies ist allerdings noch keine zureichende Bedingung: Für Kant gibt es nur dann legitimes und objektiv verpflichtendes Sollen, wenn es Sollensgesetze gibt, die selbst *allgemeingültig* und *notwendig* im Sinne einer uneingeschränkten Verpflichtung für alle sind. Damit ist es die Aufgabe einer kritischen Moralphilosophie, solche allgemeingültigen und unbedingt verpflichtenden Sollensgesetze im Anschluss an die faktische »gemeine sittliche Vernunfterkenntnis« der Pflicht zu ermitteln und zu formulieren. Dabei ist es Kant zufolge von vornherein klar, dass solche Sollensgesetze nicht aus der Erfahrung stammen können – ebenso wenig wie die synthetischen Urteile a priori, die der Verstand in der Form der »Grundsätze des reinen Verstandes« als allgemeinste Seinsgesetze der Welt der Erscheinungen vorschreibt. So stellt sich auch im Bereich der praktischen Philosophie das Problem der *Metaphysik* – nun nicht mehr als Frage nach einer Metaphysik der *Natur*, die die *Kritik der reinen Vernunft* im theoretischen Feld vorbereiten sollte, sondern als die Aufgabe der Grundlegung einer Metaphysik der *Sitten* auf der Basis erfahrungsunabhängiger Sollensgesetze. Solche Gesetze können nur aus der Vernunft selbst herrühren, und daraus ergibt sich erst der vollständige Sinn des Ausdrucks »praktische Vernunft« bei Kant: Wenn die Vernunft praktisch wird, gibt sie allgemeingültige und unbedingt verpflichtende Sollensgesetze;

darin besteht die Praxis der praktischen Vernunft. (Vgl. KpV A 55) Sodann stellt sich die Frage, wie solche Sollensgesetze, deren wirkliche Geltung die *Grundlegung zur Metaphysik der Sitten* aufzuweisen unternimmt, möglich sind; sie zu beantworten ist die Aufgabe der *Kritik der praktischen Vernunft*.

Natur und Freiheit

Die allgemeinen Seinsgesetze der Dinge sind nach Kant »Gesetze der Natur«; die Sollensgesetze hingegen bezeichnet er als »Gesetze [...] der Freiheit« (GMS BA IV). Dies scheint paradox zu sein, denn wir vermuten in der Regel die Freiheit jenseits des Sollens, also dort, wo uns keine Vorschriften einengen und wir unserem eigenen Wollen folgen dürfen. Kants These hingegen ist es, dass wir nur im Anspruch des Sollens Hinweise auf unsere tatsächliche Freiheit erhalten. Nun hängt freilich alles davon ab, was man hier unter »Freiheit« versteht. Handlungsfreiheit im Sinne bloßer Abwesenheit äußerer Hindernisse kann nicht gemeint sein, denn dann wäre die abgeschossene Kanonenkugel, die ihr Ziel erreichte, auch frei gewesen. Kant definiert darum: »Die *Freiheit im praktischen Verstande* ist die Unabhängigkeit der Willkür von der *Nötigung* durch Antriebe der Sinnlichkeit [...] diese setzt voraus, daß, obgleich etwas nicht geschehen ist, es doch habe geschehen *sollen*, und seine Ursache in der Erscheinung also nicht so bestimmend war, daß nicht in unserer Willkür eine Kausalität liege, unabhängig von jenen Naturursachen und selbst wider ihre Gewalt und Einfluß etwas hervorzubringen, was in der Zeitordnung nach empirischen Gesetzen bestimmt ist, mithin eine Reihe von Begebenheiten *ganz von selbst* anzufangen.« (B 562) Es liegt auf der Hand, dass dieses Modell einer Willkür- oder Willensfreiheit unvereinbar ist mit dem Kausalprinzip, d. h. mit dem Grundsatz, dass alles, was geschieht, »in der Zeitordnung [des Früher und Später] nach empirischen Gesetzen bestimmt ist«; eine Kausalität der »Willkür«, die ohne Ursache »ganz von selbst« zu wirken beginnt, ist hier einfach nicht unterzubringen. So wird deutlich, dass diese Konzeption praktischer Freiheit, die das Vermögen eines spontanen Beginns einer kausalen »Reihe von Begebenheiten« in der Erfahrungswelt durch den Handelnden selbst meint, etwas Allgemeineres voraussetzt: die prinzipielle Möglichkeit unverursachter Verursachung, und diese nennt Kant »transzendentale Freiheit«.

Sie ist in Wahrheit ein kosmologisches Problem, denn das Vermögen, »eine Reihe von Begebenheiten, ganz *von selbst* anzufangen«, muss die Vernunft nach Kant genau dann als notwendig postulieren, wenn sie über die Welt im Ganzen nachdenkt. Folgt sie dabei dem Leitfaden des Kausalprinzips, ergibt sich eine von den Antinomien, die Kant an der Möglichkeit der rationalistischen Metaphysik insgesamt hatten zweifeln lassen: »*Thesis*: Die Kausalität nach Gesetzen der Natur ist nicht die einzige, aus welcher die Erscheinungen der Welt insgesamt abgeleitet werden können. Es ist noch eine Kausalität durch Freiheit zu Erklärung derselben anzunehmen notwendig. – *Antithesis*: Es ist keine Freiheit, sondern alles in der Welt geschieht lediglich nach Gesetzen der Natur.« (B 472 f.) Für beide Positionen gibt es Kant zufolge gleich gute Gründe: Existiert auf der Seite der Ursachen keine erste, selbst nicht verursachte Ursache, dann verläuft sich die Ursachenreihe ins Unendliche mit der Konsequenz, dass nichts von dem, was geschieht, eine »hinreichend a priori bestimmte Ursache« hat, was aber doch vom Kausalprinzip gefordert ist. Umgekehrt setzte die Zulassung der transzendentalen Freiheit in *einem* Fall die universale Geltung des Kausalprinzips selbst außer Kraft und bedrohte damit die Möglichkeit von Wissenschaft überhaupt; »Natur also und transzendentale Freiheit unterscheiden sich wie Gesetzmäßigkeit und Gesetzlosigkeit« (B 475).

Den Ausweg aus diesem Dilemma findet Kant im Rückgriff auf die Unterscheidung zwischen den Dingen an sich und den Erscheinungen: »sind Erscheinungen Dinge an sich selbst, so ist Freiheit nicht zu retten« (B 564), denn das Kausalprinzip gilt in der Erscheinungswelt ohne Ausnahme. So aber bleibt zumindest die gedankliche Möglichkeit, die transzendentale Freiheit dem Bereich der Dinge an sich als bloße Gedankendinge zuzuordnen, und dabei würde man sich nicht selbst widersprechen. Kant hat dies in seiner schwierigen Lehre vom Doppelcharakter des Subjekts im Fall der freien Handlung auszuführen versucht. Das an einem Gegenstand der Sinne, was selbst nicht Erscheinung ist, nennt er »intelligibel« (B 566). Demnach müssen wir zwar einem jeden Handlungssubjekt in der Sinnenwelt einen »empirischen Charakter« beilegen, dem zufolge seine Handlungen in den lückenlos gesetzlichen Naturzusammenhang hineingehören; zugleich aber bliebe die Möglichkeit offen, demselben Handlungssubjekt auch einen »intelligibelen Charakter« zuzusprechen, durch den es Ursache von Handlungen in der Erscheinungswelt ist, ohne selbst Erscheinung zu sein und den Naturgesetzen zu unterliegen. Intelligibler und empirischer Charakter verhielten sich diesem Modell zufolge wie Dinge an sich und Erscheinungen. (Vgl. B 566 ff.)

Wichtig ist, dass damit kein Freiheits*beweis* geführt werden soll; es geht nur um die Denkmöglichkeit praktischer Freiheit auf der Basis der Einschränkung der universellen Gültigkeit des Kausalprinzips auf die Erscheinungswelt. Kant sagt am Ende der Auflösung der Freiheitsantinomie: »Daß nun diese Antinomie auf einem bloßen Scheine beruhe, und, daß Natur der Kausalität aus Freiheit wenigstens nicht widerstreite, das war das einzige, was wir leisten konnten, und woran es und auch einzig und allein gelegen war.« (B 586)

Es ist also die Unterscheidung zwischen den Dingen an sich und den Erscheinungen, die nach Kant den Gedanken der praktischen Freiheit möglich macht; sie ist aber auch der Index der Endlichkeit der menschlichen Vernunft, und darum findet praktische Freiheit auch nur im Umfeld der endlichen Vernunft statt, d. h. im Spannungsfeld zwischen dem bloß denkbaren intelligiblen und dem erkennbaren empirischen

Charakter des handelnden Subjekts. Hierin liegt Kant zufolge auch der Grund dafür, dass uns nur das Bewusstsein des *Sollens* die Überzeugung nahe legt, tatsächlich über praktische Freiheit zu verfügen, mithin also die Fähigkeit, etwas in der Welt der Erscheinungen zu verursachen, ohne dass dies selbst verursacht wäre. Wären wir reine Vernunftwesen und damit »Glieder einer intelligibelen Welt«, dann unterläge unsere Willkür keinen anderen als vernünftigen Motiven, und wir wollten immer von selbst, was uns die Vernunft als praktische vorschreibt. Nun sind wir aber zugleich »Glieder der Sinnenwelt«, wodurch unsere Willkür immer auch sinnlichen und widervernünftigen Motiven unterworfen ist; wir sind unvollkommene, endliche, fehlbare Wesen, die zwar vernunftbegabt, aber eben nicht immer vernünftig sind.[17] Genau diese Diskrepanz drückt das Sollen aus: »Das moralische Sollen ist also eigenes notwendiges Wollen als Gliedes einer intelligibelen Welt, und wird nur so fern von ihm als Sollen gedacht, als er sich zugleich wie ein Glied der Sinnenwelt betrachtet.« (GMS BA 113; vgl. auch KpV A 36)

So verweisen das Sollen und die Freiheit wechselseitig aufeinander; gegen einen zu erwartenden Zirkelvorwurf betont Kant, dass »die Freiheit allerdings die *ratio essendi* [der Seinsgrund] des moralischen Gesetzes, das moralische Gesetz aber die *ratio cognoscendi* [der Erkenntnisgrund] der Freiheit sei. Denn, wäre nicht das moralische Gesetz in unserer Vernunft eher [zuvor] deutlich gemacht, so würden wir uns niemals berechtigt halten, so etwas, als Freiheit ist [...], *anzunehmen.* Wäre aber keine Freiheit, so würde das moralische Gesetz in uns gar *nicht anzutreffen* sein.« (KpV B 5) Freiheit ist für uns ohne das Sollen nicht zu haben, das deswegen auf Freiheit als seinen Realgrund zurückverweist, weil es keinen Sinn macht ohne die Voraussetzung eines Könnens. Nach Kant urteilt jedermann, dass »er etwas kann, darum, weil er sich bewußt ist, daß er es soll, und erkennt in sich die Freiheit, die ihm sonst ohne das moralische Gesetz unbekannt geblieben wäre.« (KpV A 54)

Aber nicht *jedes* Sollen verweist auf die Freiheit des Könnens; wir leben ständig unter Sollenszumutungen von verschiedener Seite, die wir entweder als unberechtigt zurückweisen müssen oder die uns faktisch überfordern, wobei gilt: »*Ultra posse nemo obligatur*« (Niemand ist verpflichtet über das hinaus, was er kann). Also verweist nur das Sollen unserer *Pflichten* auf ein Können, und dieser Grundsatz gilt in jeder Pflichtethik – aber was *ist* Pflicht? *Wozu* sind wir verpflichtet? Ciceros *De officiis* (Über die Pflichten) enthält auf stoischer Grundlage eine umfassende Pflichtenlehre, die nach ihrer »Christianisierung« durch den Kirchenvater Ambrosius in der Scholastik stets präsent war und in der Neuzeit neue Aktualität gewann (vgl. Kühn 292 f. und 309 f.); Kant kannte Cicero zum einen aus eigener Lektüre seit seiner Schulzeit, zum anderen aus der 1783 erschienenen Übersetzung und Kommentierung von *De officiis* durch Christian Garve (1742–1798), einen scharfen Kritiker der *Kritik der reinen Vernunft*, und Garves Publikation hat offenbar zur beschleunigten Fertigstellung der *Grundlegung zur Metaphysik der Sitten* beigetragen. (Vgl. dazu und zum Folgenden Kühn 321 ff.)

Die Übereinstimmungen zwischen Cicero und Kant gehen sehr weit. Beide gründen ihre Pflichtethik auf die Vernunft und erklären nach stoischem Vorbild die Glückswürdigkeit durch Tugend zur Vorbedingung der Glückseligkeit; ihre Wege trennen sich bei der Frage nach dem Geltungsgrund der Pflichten. Cicero und viele nach ihm bis hin zu Garve suchen ihn in der Natur als der Basis der Natur des Menschen, die wesentlich durch Vernunft und Sozialität bestimmt ist; das Prinzip »Gemäß der Natur leben« bedeutet nichts anderes, als dass der Mensch seiner eigenen Natur gemäß leben solle. Warum er dies solle, wird aber bei Cicero – und dann auch bei Garve – wieder eudämonistisch beantwortet, d. h. mit dem Argument, dass das Befolgen unserer Pflichten uns letztlich glücklicher machen werde als das pflichtwidrige Leben, denn dies entspreche der Ordnung der Natur. Die Vernunft ist hier somit nur ein naturgegebenes *Mittel* der Erkenntnis dessen, was für den Menschen naturgemäß ist, sie dient dazu, sein ebenfalls natürliches Streben nach Glückseligkeit anzuleiten. Das Modell Ciceros verbleibt somit völlig im Bereich des stoischen Doppelsinns von »Naturgesetz«, dem zufolge das, was von Natur soundso ist, auch so sein *soll*, wobei dieses Sollen im Menschen selbst als eine letztlich natürliche Motivationskraft aufgefasst wird.

Die Lehre von Thomas Hobbes, mit der die Naturrechtslehre der Neuzeit beginnt (vgl. Ilting; auch Henrich 233 f.), unterscheidet sich von derjenigen Ciceros und der Scholastik nur durch eine Nuance, die den Unterschied ums Ganze ausmacht: Er begreift die Natur nicht mehr als eine Einheit von Sein und Sollen, und deswegen bildet sie auch nicht länger die Basis unserer Pflichten; soweit eine Ordnung der Natur existiert, ist sie bloße Faktizität, aus der nichts Normatives folgt. So wird Hobbes zum Begründer des Naturrechts als eines reinen Vernunftrechts; nur die Vernunft und nicht die Natur vermag uns demnach zu sagen, was wir sollen. Die herkömmlichen Begriffe »Naturrecht« (*Ius naturale*) und »Naturgesetz« (*Lex naturae*) erhalten damit eine völlig andere Bedeutung: »Naturrecht« bedeutet bei Hobbes die uneingeschränkte Freiheit eines jeden Menschen, sich selbst zu erhalten und alle ihm dafür als geeignet erscheinenden Mittel zu ergreifen; ein »Naturgesetz« hingegen ist nichts anderes als eine Vorschrift («*Precept*«) oder eine allgemeine Regel («*generall Rule*«) der Vernunft, die dem Menschen das Schädliche verbietet und das Nützliche gebietet. (Vgl. Hobbes I, XIV) Das Normative des so verstandenen Naturgesetzes betrifft nicht mehr wie in der stoischen Tradition die Selbsterhaltung (*oikéiosis*) als natürlichen Zweck; die teleologische Naturauffassung der antiken und scholastischen Tradition, in der auch die Zwecke der menschlichen Existenz ihren Platz finden, ist in der neuzeitlichen Wissenschaft suspendiert. Wenn somit die Selbsterhaltung einem natürlichen, aber zweckfreien Trieb folgt – darin dem physikalischen Trägheitsprinzip vergleichbar –, dann ist sie normativ neutral; man kann nicht begründen, warum Selbsterhaltung sein soll, wenn sie ohnehin als Antrieb alles menschliche Handeln bestimmt. Vorschriften, Regeln, Gebote und Verbote können dann nicht mehr die Selbsterhaltung selbst als Zweck, sondern nur die Mittel dazu betreffen, die die Vernunft herausfindet (*«found out by reason»*). Hobbes versteht die Vernunft wesentlich als ein Vermögen des Kalkulierens im mathematischen Sinn. (Vgl. Hobbes I, V) Im Dienst der Selbsterhaltung ist aber ein solches Abwägen von Kosten und Nutzen, Nachteilen und Vorteilen der Einzelhandlungen keine rein theoretische Veranstaltung, die bloße Möglichkeiten klärt; Hobbes stattet hier die kalkulierende Vernunft unmittelbar mit normativer Kraft aus, die von der faktischen Macht des Selbsterhaltungstriebs herrührt, so dass ihre Ergebnisse notwendig die Form von Sollenssätzen annehmen.

Was Hobbes in seiner Naturrechts- als Vernunftrechtslehre als »Naturgesetze« präsentiert, nennt Kant »hypothetische Imperative«, d. h. Sollenssätze unter der Voraussetzung eines ›Wenn …, dann‹; sie »stellen die praktische Notwendigkeit einer möglichen Handlung als Mittel zu etwas anderem, was man will, […] zu gelangen, vor« (GMS BA 39). Wie Hobbes vertritt er, dass solche Imperative Vernunftsache sind; nur die Vernunft vermag herauszufinden, was man zu tun hat, wenn man etwas Bestimmtes erreichen will, wobei Kant noch genauer zwischen den Fällen der bloß möglichen und der wirklichen Handlungsabsicht unterscheidet. (GMS BA 40) In beiden Fällen, sei es im Bezug auf ein bloß denkbares oder ein tatsächlich gehegtes Handlungsziel, genügt das ›Wenn …, dann …‹, um ein begründetes Sollen zu erzeugen. Nach Kant aber haben wir hier den Bereich der Moral noch gar nicht betreten; wir sind bis dahin im Felde bloßer Geschicklichkeits- und Klugheitsregeln verblieben. (Vgl. GMS BA 44 f.) In dieser These, mit der Kant sowohl die beiden Traditionen der Wert- und Güterethik wie auch die der Pflichtethik Ciceros verabschiedet und in deren Licht Hobbes sogar als Amoralist zu gelten hat, liegt die Provokation seiner Ethik, die bis heute anhält. Was Moral ist, wird erst deutlich, wenn wir Sollensgesetze ins Auge fassen, die nicht bloß unter bestimmten Bedingungen zu irgendetwas verpflichten, sondern unter *allen* Bedingungen; dem zufolge ist Moral ein »Inbegriff von unbedingt gebietenden Gesetzen, nach denen wir handeln *sollen*« (ZeF B 71); genau dies bedeutet der Ausdruck ›Kategorischer Imperativ‹. Er meint einen Sollenssatz, der nicht nur unter einem ›Wenn …, dann …‹ gebietet und dadurch eine bestimmte Handlung zu einem vorausgesetzten Zweck vorschreibt; vielmehr stellt er wie in einem einfachen Aussagesatz (griech. *kategoréo* – bestimmt aussagen) »eine Handlung als für sich selbst, ohne Beziehung auf einen anderen Zweck, als objektiv-notwendig« (GMS BA 39) vor. So bestreitet Kant, dass Werte und Güter dasjenige zu begründen vermögen, was wir in einer Moralphilosophie brauchen – ein *Gesetz* im strikten Wortsinn, denn »jedermann muß eingestehen, daß ein Gesetz, wenn es moralisch, d. i. als Grund einer Verbindlichkeit, gelten soll, absolute Notwendigkeit bei sich führen müsse« (GMS BA VIII). Werte und Güter sind immer kontingent, denn die Wertorientierungen und die Bestrebungen der Menschen differieren in Raum und Zeit; deswegen können die Sollensgesetze, die daraus folgen mögen, stets nur unter bestimmten Bedingungen verbindlich sein und eben nicht »absolut«, d. h. unter allen Bedingungen; genau dies aber ist mit dem Ausdruck ›kategorisch‹ gemeint, der den obersten Imperativ der kantischen Sollensethik charakterisiert.

Bei der Ermittlung dieses »Grundgesetzes« der Moral, die sich die *Grundlegung zur Metaphysik der Sitten* als Aufgabe stellt, beginnt Kant mit der Frage, was Unbedingtheit in der Ethik bedeuten könne: Was ist das unbedingt Gute? Seine berühmte Antwort: »Es ist überall nichts in der Welt, ja auch außerhalb derselben zu denken möglich, was ohne Einschränkung für gut könnte gehalten werden, als allein ein *guter Wille*.« (GMS BA 1) Was wir sonst als gut ansehen, seien es »Talente des Geistes« oder »Glücksgaben«, ist immer nur unter der Bedingung gut, dass es ein guter Wille ist, der von ihnen Gebrauch macht, und so hat nur er einen »unbedingten innern Wert« (GMS BA 1) Dieser Wert ergibt sich nicht aus dem, was der Wille bewirkt, er kommt dem guten Willen »an sich« zu. Kant erläutert dies anhand des uns vertrauten Begriffs der *Pflicht*. Wir unterscheiden die Fälle des »pflichtmäßigen« Handelns vom Handeln »aus Pflicht« (GMS BA 8) und gestehen nur Letzterem einen unbedingten moralischen Wert zu, während es zahlreiche außer- und sogar unmoralische Gründe geben kann, der Pflicht gemäß zu handeln, sei es Berechnung, Eigennutz oder Angst vor Strafe. Das Gegenteil vom Handeln aus Pflicht ist somit das Handeln aus Neigung, das zwar pflichtgemäß sein kann, aber immer auch anderen Absichten folgt als der, der Pflicht zu genügen. So formuliert Kant: »Pflicht ist die Notwendigkeit einer Handlung aus Achtung fürs Gesetz.« (GMS BA 14)

Diese Achtung ist nicht mit den Neigungen zu verwechseln, die immer an externe Handlungsziele gebunden sind; sie gilt nur dem Sittengesetz als solchem und ist als »reine«, von allen Neigungen abgesonderte Willensbestimmung das subjektive Pendant zur Objektivität des Gesetzes. Wie eine solche »reine« Achtung möglich sei, erklärt Kant aus der Tatsache, dass wir über »Vernunft als praktisches Vermögen« verfügen, »d. i. als ein solches, das Einfluß auf den Willen haben soll«, und »so muß die wahre Bestimmung derselben sein, einen, nicht etwa in anderer Absicht *als Mittel*, sondern *an sich selbst guten Willen* hervorzubringen« (GMS BA 7). Kant gibt zu, dass auch diese Achtung ein Gefühl ist – ein moralisches Gefühl –, aber es unterscheidet sich von allen anderen Gefühlen dadurch, dass es das Resultat der Vorstellung des Sittengesetzes in ihrer Wirkung auf das vorstellende Subjekt ist und nichts sonst: »kein durch Einfluß *empfangenes*, sondern durch einen Vernunftbegriff *selbstgewirktes* Gefühl und daher von allen Gefühlen der ersteren Art, die sich auf Neigung oder Furcht bringen lassen, spezifisch unterschieden« (GMS B 16 Fn.). In der *Kritik der praktischen Vernunft* bezeichnet Kant dieses moralische

Gefühl in einer Metapher aus der Uhrmachersprache als Triebfeder« des moralischen Handelns. (Vgl. KpV A 133 ff.) »Pflicht und Neigung« – das ist das eine Dauerthema der Kritik der kantischen Ethik. Bei der Verteidigung der Gefühle gegen Kants angeblichen Rationalismus der Pflicht wird meist übersehen, dass die allein zutreffende Entgegensetzung »Achtung und Neigung« zu lauten hätte; Kant operiert in Wahrheit mit zwei Arten von Gefühl: mit der Neigung als dem auf äußere Affektion verweisenden und der Achtung als dem von der Vernunft selbst erzeugten emotionalen Zustand des Bewusstseins. Wollte man Kant an dieser Stelle widerlegen, müsste man mit Gründen bestreiten, dass so etwas wie Achtung überhaupt möglich ist; diese Achtung ist in Wahrheit *Selbstachtung* eines Wesens, das neben seinen sinnlichen Antrieben auch über Vernunft verfügt und imstande ist, sein Handeln von der Vernunft bestimmen zu lassen. Die Selbstachtung gründet nach Kant vor allem anderen darin, dass das Achtung gebietende moralische Gesetz ja der Vernunft selbst entspringt, an der wir als vernunftbegabte Wesen teilhaben, und das uns nur deswegen als ein Sollen entgegentritt, weil wir eben auch Sinnenwesen sind. So steigert sich der merkwürdige Zusammenhang von Sollen und Freiheit tatsächlich zu dem Paradox, dass wir unsere Freiheit nur unter der Geltung eines *unbedingt* gebietenden Sollensgesetzes erfahren, das in der Vernunft selbst gründet, denn durch unsere Vernunftbegabung sind wir zugleich auch Gesetzgeber: »Der Gegenstand der Achtung ist also lediglich das Gesetz, und zwar dasjenige, das wir uns selbst und doch als an sich notwendig auferlegen. Als Gesetz sind wir ihm unterworfen, ohne die Selbstliebe zu befragen; als von uns selbst auferlegt ist es doch eine Folge unseres Willens.« (GMS BA 17 Fn.) Es ist diese Verknüpfung von unbedingter Verpflichtung und Autonomieerfahrung und nicht irgendeine preußische Untertanenmentalität, die Kant in geradezu euphorischen Worten von der Pflicht und vom »moralischen Gesetz in mir« sprechen lässt. (Vgl. KpV A 288) Schiller dichtete: »Gerne dien ich den Freunden, doch tue ich es leider mit Neigung / Und so wurmt es mir [sic!] oft, daß ich nicht tugendhaft bin« (zit. n. Höffe 201) – doch ist das ein Einwand? Dass die Neigung das Tun der Pflicht aus Pflicht begleitet, ist nicht verboten. Die Neigung zum Pflichtmäßigen kann im Übrigen »die Wirksamkeit der *moralischen* Maximen sehr erleichtern« (KpV, V 118), und warum sollte es nicht eine Neigung geben, das Pflichtmäßige aus Pflicht zu tun? Dies wäre dann die Grundhaltung eines moralischen Charakters, der »Achtung fürs Gesetz« immer den Vorrang gegenüber den Neigungen einzuräumen; so etwas auszubilden wäre die Aufgabe von Erziehung. Was Schiller übersieht, ist die Tatsache, dass das Dienen aus Neigung noch keine moralische Qualität besitzt; diese gewinnt es erst in dem Maße, in dem die als moralisch erkannte Maxime, den Bedürftigen zu helfen, als solche das Tun bestimmt, und dann darf durchaus Neigung dabei sein. (Vgl. Kaulbach 233 f.)

Schließlich betont Kant, dass wir niemals ganz sicher sein könnten, nicht bloß aus Neigung pflichtgemäß, sondern tatsächlich aus Pflicht gehandelt zu haben; es sei einfach nicht eindeutig auszumachen, ob »wirklich kein geheimer Antrieb der Selbstliebe […] die eigentliche bestimmende Ursache des Willens gewesen sei« (GMS B 26). Aber in einer Grundlegung zur Metaphysik der Sitten geht es nicht darum festzustellen, »ob dies oder jenes geschehe«, sondern ob »die Vernunft für sich selbst und unabhängig von allen Erscheinungen gebiete, was geschehen soll«, mithin ob »Handlungen, von denen die Welt vielleicht bisher noch gar kein Beispiel gegeben hat, […] dennoch durch Vernunft unnachlaßlich geboten« seien. (GMS BA 28)

Es macht also wenig Sinn, bei der Kritik der kantischen Ethik Pflicht und Neigung gegeneinander auszuspielen; Kant selbst wusste viel zu viel über unsere Neigungen und ihre Macht, und ihm war deren moralische und ästhetische Kultivierung viel zu wichtig, als dass man ihm eine Verachtung der Neigungen zugunsten einer Verehrung »kalter« Pflichten nachsagen könnte. Er wollte vor allem anderen ein philosophisches Problem lösen: Worin besteht die genuin moralische Qualität unserer Handlungen – ihre *Moralität*? Gibt es noch etwas über den bloßen Gehorsam gegenüber dem Sittengesetz hinaus, den man ja auch aus außermoralischen und sogar unmoralischen Motiven heraus aufbringen kann? In diesem Fall wäre nach Kant bloß die *Legalität* der Handlung gegeben. (Vgl. KpV A 127) Seine These lautet: »Das Wesentliche alles sittlichen Werts der Handlungen kommt darauf an, *daß das moralische Gesetz unmittelbar den Willen bestimme.*« (KpV A 126) Wenn man glaubt, dies *nicht* vertreten zu müssen, kann man auf die strikte Entgegensetzung von Pflicht und Neigung verzichten; der Preis dafür ist freilich, dass dann auch die Verknüpfung unbedingter Verpflichtung und Freiheit hinfällig wird: »Was kann denn wohl die Freiheit des Willens sonst sein, als Autonomie, d. i. die Eigenschaft des Willens, sich selbst ein Gesetz zu sein? [...] also ist ein freier Wille und ein Wille unter sittlichen Gesetzen einerlei.« (GMS BA 98)

Der Kategorische Imperativ

Das unbedingt gebietende Sittengesetz ist noch genauer zu explizieren. Da es ausschließlich in der Vernunft selbst gründet, die als praktische Vernunft gesetzgebend ist, und in nichts sonst, weil dies seine allgemeine und notwendige Geltung einschränkte, kann es keine inhaltlichen, der Erfahrungswelt entlehnten Bestimmungen enthalten. Das moralisch Gesollte ist das Vernünftige als das Gesetzmäßige, und da von allen Antrieben außer der Achtung vor dem Gesetz abzusehen ist, »bleibt nichts anderes als die allgemeine Gesetzmäßigkeit der Handlungen überhaupt übrig, welche allein dem Willen zum Prinzip dienen soll« (GMS BA 17); nur der Wille ist »schlechterdings und ohne Einschränkung« (GMS BA 17) gut, der diesem Prinzip folgt. Kant muss dann die Frage beantworten, wie es möglich sei, sich in seinem Wollen von der »allgemeinen

Gesetzmäßigkeit der Handlungen überhaupt« bestimmen zu lassen, handelt es sich dabei doch um eine bloße *Form* des Wollens und Handelns: Wie soll man Handlungen von einer bestimmten Form wollen können?

Wichtig ist hier, dass dieses formale Prinzip des Willens sich nach Kant gar nicht auf Einzelhandlungen bezieht; dies folgt aus seinem Begriff des Willens: »Ein jedes Ding der Natur wirkt nach Gesetzen. Nur ein vernünftiges Wesen hat das Vermögen, *nach der Vorstellung* der Gesetze, d. i. nach Prinzipien, zu handeln, oder einen *Willen*. Da zur Ableitung der Handlungen von Gesetzen Vernunft erfordert wird, so ist der Wille nichts anderes, als praktische Vernunft.« (GMS BA 36) Vernünftiges Wollen ist für Kant stets eines nach Prinzipien und nicht sprunghaft und chaotisch, und diese Prinzipien sind zunächst immer *subjektiv*. Die subjektiven Prinzipien des Wollens nennt Kant *Maximen*. (Vgl. GMS BA 15 Fn.) Was Maximen sind, kann man anhand der Grundsätze erläutern, nach denen wir handeln, weil wir sie subjektiv als für uns gültig ansehen:»Ich will keine Schulden machen«,»ich will Versprechen halten«,»ich will immer ehrlich bleiben« usf. In der *Metaphysik der Sitten* geht es aber um ein objektives Willensprinzip, um das »praktische Gesetz«, das als kategorisch gebietender Sollenssatz gar nichts anderes als die Form der allgemeinen Gesetzmäßigkeit der subjektiven Willensprinzipien vorschreiben kann, und so lautet der kategorisch gebietende Sollenssatz:»*Handle nur nach derjenigen Maxime, durch die du zugleich wollen kannst, daß sie ein allgemeines Gesetz werde.*« *(GMS, BA 52)* Diese Formulierung ist klarer als die oben zitierte »klassische Fassung«, weil das Als-allgemeines-Gesetz-gelten-Können offen zu lassen scheint, was hier »kann« bedeutet; tatsächlich muss man *wollen* können, dass unsere Handlungsmaxime allgemeines Gesetz werde, ohne dass sich dadurch unsere Maxime selbst zerstört, und nur dann ist sie moralisch.

Der an sich, »schlechterdings und ohne Einschränkung« gute Wille ist somit ein solcher, der nur nach Maximen handelt, die er zugleich als für alle verbindliche Gesetze wollen kann, er setzt also auf subjektive Grundsätze, die *universalisierbar* sind; diese Eigenschaft genügt dem guten Willen als Motiv, im Handeln ausschließlich solche Maximen zu befolgen und keine anderen. Dass es sich hier um ein *formales* Kriterium des Moralischen handelt, hat der kantischen Ethik, wie erwähnt, seit Hegel (vgl. Hegel 2, 460 ff.) und dann immer wieder den *anderen* prominenten Vorwurf neben dem des Rationalismus eingetragen: den des *Formalismus*. Betrachtet man den Kategorischen Imperativ etwas genauer, dann ist er gar nicht so formal, denn wir sollen ihn selbst ja gar nicht wollen, sondern ihn nur in unserem Wollen achten. Immer wollen wir *etwas*, d. h. unsere Maximen haben stets einen Inhalt, den zu wollen wir genau in dem Maße moralisch berechtigt, aber auch verpflichtet sind, in dem uns seine universalisierte Form durch Achtung zum Handeln motiviert.[18] Dass Kant zunächst weder Einzelhandlungen noch bestimmte Handlungstypen betrachtet, sondern in seiner Grundlegung der Ethik ausschließlich das Verhältnis von subjektivem Wollen und objektivem Sollen zum Thema macht, rechtfertigt noch keinen Formalismusvorwurf; immerhin hat er in seinem Spätwerk *Metaphysik der Sitten* eine ausführliche Rechts- und Tugendlehre auf der Basis des Kategorischen Imperativs ausgearbeitet. Gegenüber der *Grundlegung zur Metaphysik der Sitten* und der *Kritik der praktischen Vernunft* wäre der Formalismusvorwurf nur dann gerechtfertigt, wenn es tatsächlich möglich wäre, *jede* Maxime, also auch die offensichtlich unmoralischen Grundsätze, als allgemeines Gesetz darzustellen, dessen Geltung derjenige, um dessen Maxime es sich handelte, dann auch noch wollen kann. Es ist wohl hinreichend gezeigt worden, dass dies nicht der Fall ist[19]; dabei braucht man nur Kants eigene Beispiele genauer zu betrachten. (Vgl. GMS BA 52 ff.) Natürlich existieren Grenzfälle, bei denen das Universalisierungsmodell versagt (vgl. Singer), aber es gibt wohl keine Ethikkonzeption, die alle Gegenbeispiele bewältigt, zumal man auch mit ethisch indifferenten Maximen rechnen muss.

Gänzlich unhaltbar wird der Formalismusvorwurf, wenn man die berühmte Zweck-Mittel-Fassung des Kategorischen Imperativs betrachtet: »*Handle so, daß du die Menschheit, sowohl in deiner Person, als in der Person eines jeden anderen, jederzeit zugleich als Zwecke, niemals bloß als Mittel brauchest.*« (GMS BA 66 f.) Was daran »formalistisch« sein soll, ist unerfindlich. Kant behauptet, dies sei kein anderer Imperativ als der in der Maxime-Gesetz-Formulierung, und begründet dies mit dem Zusammenhang von unbedingter Verpflichtung und Freiheit als Autonomie: Da der vernünftige Wille nur dem Gesetz unterworfen ist, das er sich als freier selbst gibt, und dies für jeden Menschen als Person zutrifft, hat jede Person teil an »einem durch Freiheit des Willens möglichen Reich der Zwecke [...], es mag nun sein als Glied, oder als Oberhaupt.« (GMS BA 75) Darum wäre es ein Verstoß gegen die Gesetzgebung in diesem »Reich der Zwecke«, ein Mit-Oberhaupt bloß als »Glied« zu behandeln. Ein zwecksetzendes Wesen darf niemals bloß Mittel für andere sein, denn eine solche Maxime taugt nicht zum allgemeinen Gesetz. Darin gründet nach Kant auch die Idee der Menschenwürde – unabhängig von den theologischen Wurzeln dieses Gedankens in der Gottesebenbildlichkeit des Menschen. (Vgl. GMS BA 76 f.)

Ein weiterer Einwand gegen Kants Ethik betrifft ihren angeblichen Rigorismus. In seiner Schrift *Über ein vermeintes Recht aus Menschenliebe zu lügen* (1797) wendet sich Kant gegen den französischen Schriftsteller und Politiker Benjamin Constant (1767–1830), der den sittlichen Grundsatz, in jedem Fall die Wahrheit zu sagen, eingeschränkt sehen wollte, weil seine unbedingte Gültigkeit »jede Gesellschaft zur Unmöglichkeit« machte. Dabei bezog er sich auf die Behauptung »eines deutschen Philosophen« (nämlich Kants), dass »die Lüge gegen einen Mörder, der uns fragte, ob unser von ihm verfolgter Freund sich nicht in unserem Haus geflüchtet, ein Verbrechen sein würde« (RM A 301). Kant besteht gegen Constant darauf, dass nicht ein unbedingtes Lügenverbot, sondern ein auch wie immer eingeschränktes Recht zu lügen die menschliche Gesellschaft, die auf die Wahrhaftigkeit ihrer Mitglieder angewiesen ist, zerstören würde. Was in dieser kleinen Schrift nicht deutlich wird, ist, dass Kant an anderem Ort ausdrücklich ein »Notrecht« (vgl. MS AB 41) einräumt, so dass wir den »Notlügner« nicht *rechtlich* belangen müssten. Den Grenzfall aber einer Pflichtenkollision möchte Kant nicht akzeptieren (vgl. MS AB 23 f.), und darin besteht wohl der wahre Kern des Rigorismuseinwands: Es gibt tatsächlich Situationen, in denen wir es mit einander widerstreitenden, aber jeweils sehr wohl universalisierbaren Maximen zu tun haben; dann hilft uns nur die praktische Urteilskraft (vgl. dazu KpV A 119 ff.) weiter, die Kant selbst sehr hoch, im konkreten Fall jedoch wohl nicht hoch genug einschätzte. (Zum Problem der Lüge vgl. Dietz)

Insgesamt gilt: Man kann allen Schwierigkeiten und Zumutungen der kantischen Ethik entgehen, wenn man auf den Anspruch verzichtet, dass Ethik überhaupt auf der Allgemeingültigkeit und Notwendigkeit von Sollensgesetzen zu begründen sei; dann entfällt auch die Verbindung zwischen der Moral und unserer Freiheit als Autonomie. Im Reich »jenseits von Freiheit und Würde« (Skinner), das uns die Behavioristen und neuerdings bestimmte Neurowissenschaftler als »Menschenpark« (Sloterdijk) empfehlen, gibt es nur Sozialtechnologie und Klugheitsregeln; da braucht man keine Metaphysik der Sitten. Die Probleme, vor die uns eine Ethik vom kantischen Typus stellt, sollte uns nicht dazu bewegen, die Themen »Freiheit« und »Würde« einfach fallen zu lassen; wir sollten uns ihnen stellen.

In einer knappen Einführung ist es nicht möglich, alle Teile des riesigen Lebenswerks von Kant darzustellen; hier kann es nur darum gehen, auf die übrigen Teilgebiete seiner praktischen Philosophie hinzuweisen. Kants Rechtsphilosophie ist am wenigsten bekannt, und sie wurde zudem meist nur wenig geschätzt. (Vgl. dazu Höffe 208 ff.) Als Theoretiker der Politik tritt Kant in seinem Spätwerk *Zum ewigen Frieden* (1795) auf, und dessen Grundidee beeinflusste immerhin die Gründung des Völkerbundes nach dem Zweiten Weltkrieg. Seine Geschichtsphilosophie hingegen, die sich in den Schriften *Idee zu einer allgemeinen Geschichte in weltbürgerlicher Absicht* (1784) und *Mutmaßlicher Anfang der Menschengeschichte* (1786) findet, wird häufiger in Lehrveranstaltungen auch außerhalb der Universität behandelt, weil diese Arbeiten wie auch der Aufklärungsaufsatz zu den so genannten »kleinen« Schriften gehören und so den exoterischen, für alle Interessierten zugänglichen Kant repräsentieren. Diese sehr unterschiedlichen Rezeptionsgeschichten bringen es mit sich, dass meist nicht nur der innere Zusammenhang dieser drei Philosophiefelder aus dem Blick gerät, sondern auch ihre gemeinsame Wurzel – der Kategorische Imperativ.

Unter »Naturrecht« verstand man noch bis ins 19. Jahrhundert nicht nur den Inbegriff des überpositiven, der staatlichen Gesetzgebung vorgeordneten Rechts, an dem diese sich zu orientieren habe, wenn es sich um gerechtes Recht und nicht bloß um Zwangssatzungen handeln sollte; das Wort bezeichnete vor allem anderen die *Lehre* vom Naturrecht und damit das, was wir heute »Rechtsphilosophie« nennen. Die Grundfrage dieser Disziplin war, ist und bleibt: »Was ist Recht?« Für Kant ist klar, dass man, wenn man nicht bloß fragt, was hier und dort »rechtens« sei, sondern ob das, was rechtens sein mag, auch »*recht*« sei gemäß einem »allgemeinen Kriterium, woran man überhaupt Recht sowohl als Unrecht (*iustum et iniustum*) erkennen könne« (MS B 32), es mit einem *normativen* Problem zu tun hat, dessen Lösung nicht im Feld der Erfahrung zu finden ist. In Kants Verständnis von Metaphysik als einer Erkenntnis a priori handelt es sich hier also um eine metaphysische Fragestellung, der er sich in dem mit *Metaphysische Anfangsgründe der Rechtlehre* überschriebenen Teil seiner *Metaphysik der Sitten* (1797) zuwendet. Mit Thomas Hobbes ist er davon überzeugt, dass das Naturrecht nur als Vernunftrecht begründbar ist, aber er besteht hier wie in der Moralphilosophie auf einem Rechtsprinzip aus »reiner« Vernunft, weil nur so dessen allgemeine und notwendige Geltung verbürgt ist.

Kant entwickelt seine Version des Rechtsprinzips aus dem Kategorischen Imperativ, der sich damit erneut nicht bloß als Grundgesetz der Moral im engeren Sinne von Privatmoral, sondern der »Sitten« überhaupt erweist; das Rechtsprinzip ist nichts anderes als der Kategorische Imperativ in seiner Anwendung auf den *äußeren* Umgang freier und gleicher Menschen in der Gesellschaft. Dass wir uns untereinander als freie und gleiche Menschen zu respektieren haben, folgt allein schon aus der Zweck-Mittel-Formel des Kategorischen Imperativs. Wie das durch ihn Geforderte im sozialen Maßstab realisierbar ist, führt auf den Begriff des Rechts: »Das Recht ist also der Inbegriff der Bedingungen, unter denen die Willkür des einen mit der Willkür des andern nach einem allgemeinen Gesetze der Freiheit zusammen vereinigt werden kann.« (MS B 33) »Allgemeine Gesetze der Freiheit« sind aber nichts anderes als die universalisierbaren Maximen, und daraus folgt: »Eine jede Handlung ist gerecht, die oder nach deren Maxime die Freiheit eines jeden mit jedermanns Freiheit nach einem allgemeinen Gesetz zusammen bestehen kann.« (MS B 33) Entsprechendes gilt für die Gesetzgebung; diese ist dann »recht« oder »gerecht«, wenn sie den Kategorischen Imperativ als das oberste »allgemeine Gesetz der Freiheit« im äußeren Zusammenleben freier und vor den Gesetzen gleicher Bürger realisiert.

Dabei hat sich das Recht auf die Festsetzung dessen zu beschränken, was für alle objektive Rechtspflicht ist; die Frage nach den subjektiven »Triebfedern« des Rechtsgehorsams gehört nach Kant in die Tugendlehre, d. h. in die Ethik als von der Rechtsphilosophie zu unterscheidende Teildisziplin der praktischen Philosophie. Diese Trennung von objektivem Recht und subjektiver Moral ist besonders wichtig, weil sie den Übergriffen von beiden Seiten entgegensteht – sowohl der Reduktion der persönlichen Moralität auf die Rechtswirklichkeit als auch der Moralisierung des Rechts, die aus jedem, der gegen geltendes Recht verstößt, gleich einen »bösen Menschen« macht. Das Recht fordert vom Einzelnen Legalität, dass er pflichtgemäß handelt; die Moralität hingegen, also die »Triebfeder« des pflichtgemäßen Handelns, geht das Rechtssystem nichts an.

Diese Grundunterscheidung zwischen Recht und Moral galt immer wieder als Anzeichen dafür, dass Kant auch in der praktischen Philosophie im dichotomischen Denken verharre und nicht zu einer Vermittlung oder gar Versöhnung der Gegensätze gelange; er sei und bleibe eben der Philosoph der Endlichkeit. So fasste Hegel in seiner Rechtsphilosophie eine neue Sittlichkeit als Einheit von abstraktem Recht und Moralität ins Auge, und viele sind ihm dabei gefolgt – vor allem die Utopisten einer herrschaftsfreien Gesellschaft, in der solche Unterscheidungen überflüssig wären, aber auch die konservativen Theoretiker einer neuen »Volksgemeinschaft«. Was diese »Überwinder« an Kant vor allem stört, ist seine These, dass das Recht unauflöslich mit der »Befugnis zu zwingen« verbunden ist (vgl. MS B 35), und Zwang scheint nun einmal mit der Freiheit aller unvereinbar zu sein. Kant begründet dies mit dem Hinweis, dass die Freiheit eines jeden nur dann mit der Freiheit aller anderen vereinbar ist, wenn diejenigen, die ihre Freiheit dazu benutzen, um die Freiheit der anderen zu behindern, genau daran gehindert werden. Der Maßstab dieser mit Zwang verbundenen Freiheitsbehinderung muss aber immer ein »allgemeines Gesetz der Freiheit« sein, also ein solches, dass im jeweiligen Fall das Zusammenbestehen der verschiedenen individuellen Freiheiten garantiert; Kant legt den Gedanken einer

»Verhinderung eines Hindernisses der Freiheit« auch seiner Straftheorie zugrunde. Für die Theorie der Moral ergibt sich daraus, dass das Moralische im Unterschied zum Recht aus der Erfüllung *nicht* erzwingbarer Imperative besteht; davon handelt der andere Teil der Kantischen *Metaphysik der Sitten*, die *Metaphysischen Anfangsgründe der Tugendlehre*.

Als reines Vernunftprinzip gilt die Idee des Rechts sogar im Naturzustand, den Kant als eine Situation denkt, in der alle ihr Recht in die eigene Hand nehmen und deswegen »niemals vor Gewalttätigkeit gegen einander sicher sein können« (MS B 193); so erweist sich der Naturzustand nicht etwa als Zustand der Ungerechtigkeit, sondern der Rechtlosigkeit. Um nun das Recht auch zu verwirklichen, müssen die Menschen dem »Grundsatz« folgen. »man müsse aus dem Naturzustande, in welchem jeder seinem eigenen Kopfe folgt, herausgehen« und »vor allen Dingen in einen bürgerlichen Zustand treten« (MS B 193).[20] Das Wort »bürgerlich« ist dabei nicht soziologisch zu verstehen als Bezeichnung einer bestimmten Schicht oder Klasse der Bevölkerung, sondern als Übersetzung des lateinischen Begriffs *civilis*; dies meint die Eigenschaften eines Bürgers als Staatsbürger (*cives*), denn der Staat (*civitas*) wurde bis zu Hegel allgemein definiert als »bürgerliche Gesellschaft« (*societas civilis*). Der »bürgerliche Zustand« selbst wird von Kant wie schon von Hobbes, Locke und Rousseau als eine Situation gefasst, in der »jedem das, was für das Seine anerkannt werden soll, *gesetzlich* bestimmt, und durch hinreichende *Macht* (die nicht die seinige, sondern eine äußere ist) zu Teil wird« (MS B 193).

Mit seinen Vorgängern verwendet auch Kant die Figur des *Vertrags* aller mit allen, um den mit Durchsetzungsmacht ausgestatteten Rechtszustand aus dem Naturzustand hervorgehen zu lassen; auch ihm zufolge »kann nur der übereinstimmende und vereinigte Wille aller, so fern ein jeder über alle und alle über einen jeden ebendasselbe beschließen, mithin nur der allgemein vereinigte Volkswille gesetzgebend sein« (MS B 195 f.). Dieser Vertragsschluss ist aber nicht als historisches

Ereignis zu nehmen, sondern nur als die Idee des Aktes der Staatsgründung, »nach der die Rechtmäßigkeit desselben allein gedacht werden kann« (MS B 198 f.). Von Hobbes und Locke unterscheidet sich Kant dadurch, dass es ihm nicht genügt, den Vertragsschluss auf das wohlverstandene Eigeninteresse der Menschen im Naturzustand an Sicherheit und Eigentum zurückzuführen, verbunden mit strategischen Überlegungen, wie man dies am besten erreichen könne. Der Staat als »die Vereinigung einer Menge von Menschen unter Rechtsgesetzen« (MS B 194) ist Kant zufolge die Realisierung der Idee des Rechts, die uns die Vernunft gebietend vorgibt, durch die Menschen selbst; darum ist es nicht nur eine Frage der Klugheit, sondern eine der Pflicht, vom Naturzustand in den Rechtszustand überzuwechseln.

So deduziert Kant neben dem Recht auch den Staat aus reiner praktischer Vernunft – nicht die realen Staaten, vielmehr die »Form eines Staates überhaupt, d. i. den Staat *in der Idee*, wie er nach reinen Rechtsprinzipien sein soll, welche jeder wirklichen Vereinigung zu einem gemeinen Wesen [Gemeinwesen] [...] zur Richtschnur (*norma*) dient« (MS B 195). Kants normativer Staatsbegriff bedeutet: Jeder Staat, der mehr ist als eine bloße Zwangsveranstaltung, ist Rechts- und Gesetzesstaat, wobei sich Recht und Gesetz an folgenden »Prinzipien a priori« bemessen: »1. Die *Freiheit* jedes Gliedes der Sozietät, als *Menschen*. 2. Die *Gleichheit* desselben mit jedem anderen, als *Untertan*. 3. Die *Selbständigkeit* jedes Gliedes eines gemeinen Wesens, als *Bürgers*.« (ThP A 235) In unseren Augen fehlt die Idee Brüderlichkeit oder Solidarität, die unser Grundgesetz im Sozialstaatsprinzip bewahrt; Kant verweist sie in den Bereich der rechtlich nicht erzwingbaren Tugendpflichten. Zugleich schränkt er die Bürgerrechte auf die Selbstständigen ein, d. h. auf diejenigen, die ökonomisch unabhängig sind, sei es durch Besitz oder einen Beruf, der sie ernährt; nur ihnen kommt nach Kant das Stimmrecht in der Gesetzgebung gemäß der Idee des ursprünglichen Vertrags zu. (ThP A 244 f.) Kant leitet auch das Prinzip der Gewaltenteilung aus der

Idee des Staates ab; zu jedem legitimen Staat gehören »die *Herrschergewalt* (Souveränität), in der des Gesetzgebers, die *vollziehende Gewalt* in der des Regierers (zufolge dem Gesetz) und die *rechtsprechende Gewalt* [...] in der des Richters«. Erstaunlich ist, dass Kant dieses Modell, das er von Montesquieu übernimmt, dadurch als das einzig vernünftige ausweisen will, dass er behauptet, es entspräche formal »den drei Sätzen in einem praktischen Vernunftschluß« (MS B 195).

An Kants Staatslehre fällt auf, dass sie den Souverän mit der gesetzgebenden Gewalt (Legislative) gleichsetzt. Der »Regent des Staats (*rex, princeps*)« hingegen hat die ausübende Gewalt inne (Exekutive), steht aber nicht über den Gesetzen; für Kant ist er der »*Agent* des Staats« (MS B 200) – eine Reminiszenz an den »ersten Diener« des Staats, von dem der junge Friedrich II. gesprochen hatte. So sagt Kant: »Eine *Regierung*, die zugleich gesetzgebend wäre, würde *despotisch* zu nennen sein.« (MS B 200) Dasselbe wäre der Fall, wenn die Legislative oder die Exekutive auch die Funktion der Rechtsprechung an sich zögen. (Vgl. MS B 201 f.) Tatsächlich ist Kants Vernunftstaat republikanisch im Sinne Rousseaus, weil er die wahre Souveränität nur dem »allgemein vereinigten Volkswillen« (MS B 196) zuordnet. Wie diese Souveränität auch immer realisiert sein mag, sei es autokratisch, aristokratisch oder demokratisch (vgl. MS B 238 f.), der Maßstab der Rechtmäßigkeit ist stets: »Was ein Volk über sich selbst nicht beschließen kann, das kann der Gesetzgeber auch nicht über das Volk beschließen.« (ThP A 266) Was nun offensichtliche Missstände im geltenden Staatsrecht betrifft, so besteht nach Kant die Pflicht, »den Zustand der größten Übereinstimmung der Verfassung mit Rechtsprinzipien« anzustreben, denn dies mache »uns die Vernunft *durch* einen *kategorischen Imperativ* verbindlich« (MS B 203). Erfolg könnten dabei nur Reformen durch den gesetzgebenden Souverän, nicht hingegen Revolutionen haben (vgl. MS B 208); auch ein legitimes Widerstandsrecht schließt Kant als selbstwidersprüchlich in einem Rechtzustand aus: Es kann kein Recht auf Rechtsbruch geben. (Vgl. MS B 206)

Den »Zustand der größten Übereinstimmung der Verfassung mit Rechtsprinzipien«, den uns der Kategorische Imperativ gebietet, stellt für Kant das »Heil des Staats« dar, das das höchste Gesetz ist; er zitiert: »*salus reipublicae suprema lex est*« (MS B 202). So bildet es auch die oberste Leitlinie aller Politik, aber nicht nur nach innen, sondern auch im Maßstab des Völkerrechts. Im Verhältnis der Staaten zueinander gilt in gleicher Weise, dass aus dem Naturzustand herauszugehen ist. Bei Hobbes lautete das erste Naturgesetz: »Suche den Frieden!« (Hobbes I, XIV), aber das war eine reine Klugheitsregel; für Kant ist der Frieden unter allen Völkern eine »Vernunftidee«, und zwar nicht als bloß nützliches oder ethisch-philantrophisches, sondern als »*rechtliches* Prinzip« (MS B 259), das letztlich durch den Kategorischen Imperativ selbst geboten ist. Darum ist der »ewige Frieden« keine leere Utopie, denn es »spricht die moralisch-praktische Vernunft in uns ihr unwiderstehliches Veto aus: *Es soll kein Krieg sein*; weder der, welcher zwischen mir und dir im Naturzustande, noch zwischen uns als Staaten« ständig droht. (MS B 264) Dementsprechend gilt auch hier: Sollen impliziert Können. In seiner Spätschrift *Zum ewigen Frieden* (1795) hat Kant dieses Können detailliert in Form eines globalen Friedensvertrages ausgeführt. Wie bei der Deduktion des »bürgerlichen Zustandes« im Staat als der »Vereinigung einer Menge von Menschen unter Rechtsgesetzen« (MS B 194) verwendet Kant erneut die Vertragsfigur, um zu zeigen, wie der von der praktischen Vernunft kategorisch geforderte »bürgerliche Zustand« im Weltmaßstab, also der »weltbürgerliche Zustand«, tatsächlich herbeigeführt werden könnte; er wäre realisiert in »einer allgemein das Recht verwaltenden bürgerlichen Gesellschaft«. (IAG A 394) Dieses Ziel markiert nach Kant zugleich die oberste Richtschnur aller Politik, die er als »ausübende Rechtslehre« (ZeF B 71) bestimmt. Damit ist nicht gemeint, dass die Weltgeschichte ein »Amtsgericht« (Bismarck) sei oder dass die Juristen die Politik in die Hand nehmen sollten; es geht Kant ausschließlich um die Übereinstimmung »der Prinzipien der

Staatsklugheit« mit der »Moral«, d. h. mit dem formalen Grundsatz, dass wir unser Handeln auch in der Politik an universalisierbaren Maximen zu orientieren haben und damit an der Aufgabe des inneren und äußeren Friedens im weltbürgerlichen Maßstab. Genau dies macht für Kant den »moralischen Politiker« aus – im Unterschied zum »politischen Moralisten […], der sich eine Moral so schmiedet, wie es der Vorteil des Staatsmanns sich zuträglich findet« (ZeF B 76), und dann das Moralisieren als politisches Instrument einsetzt. So gilt: »Die wahre Politik kann also keinen Schritt tun, ohne vorher der Moral gehuldigt zu haben, und ob zwar Politik für sich selbst eine schwere Kunst ist, so ist doch Vereinigung derselben mit der Moral gar keine Kunst« (ZeF B 97), denn das durch den Kategorischen Imperativ Gebotene, der weltbürgerliche Zustand, ist möglich, sonst wäre es nicht unbedingt geboten.

Diesen Gedanken verwendet Kant auch bei seinen Reflexionen über den Sinn der Geschichte im Ganzen als obersten Orientierungspunkt. Mag hier auch alles nach allgemeinen Naturgesetzen geschehen, so scheitert eine wissenschaftliche Geschichtsphilosophie daran, dass die Menschen nicht bloß »instinktmäßig, wie Tiere, und doch auch nicht, wie vernünftige Weltbürger, nach einem verabredeten Plane, im ganzen verfahren« (IAG A 387). Worauf das Ganze hinausläuft, kann man weder durch Beobachtung herausbekommen noch durch den Bezug aller menschlichen Aktivitäten auf ein allen gemeinsames Handlungsziel. »Die Menschheit« handelt nicht in der Geschichte, sondern es sind immer einzelne Menschen, die sich Ziele setzen und Zwecke verfolgen, und dies mit so chaotischen Folgen, dass »man am Ende nicht weiß, was man sich von unserer auf ihre Vorzüge so eingebildeten Gattung für einen Begriff machen soll« (IAG A 387). Um hier nicht resignieren zu müssen, präsentiert Kant eine *Idee zu einer allgemeinen Geschichte in weltbürgerlicher Absicht*, der zufolge zu überlegen ist, ob man nicht doch eine heimliche »Naturabsicht in diesem widersinnigen Gange menschlicher Dinge entdecken könne« (IAG A 387). Diese »Naturabsicht« könnte nach

Kant darin bestehen, dass die Menschen im Laufe ihrer Geschichte ihre Naturanlagen vollständig entwickeln sollen, und Kant zeigt, dass dies letztlich nur im »weltbürgerlichem Zustand«, also im Rahmen einer »allgemein das Recht verwaltenden bürgerlichen Gesellschaft« im Weltmaßstab möglich wäre. Er selbst unternimmt seine Geschichtsreflexionen in eben dieser »weltbürgerlichen Absicht«, weil sie dazu beizutragen vermögen, jenem Ziel des globalen rechtlichen Friedens näher zu kommen. Was man bei Kant als Geschichtsphilosophie bezeichnen kann, gehört somit als Anhang in die praktische Philosophie.

Religion

Auch für Kants Religionslehre gilt, dass sie direkt an die praktische Philosophie anschließt. Warum wandte sich Kant nach seiner Widerlegung der Gottesbeweise der Gottesfrage erneut zu? Nur aus Menschenfreundlichkeit gegenüber seinem Diener Lampe, wie Heine behauptete, oder gar aus Sentimentalität? In Wahrheit hat Kant niemals aufgehört, sich mit der Gottesfrage zu beschäftigen, weil er mit unserer gesamten metaphysischen Tradition davon überzeugt war, dass dies gar nicht möglich wäre; dass man die Existenz Gottes philosophisch nicht beweisen kann, bedeutet eben nicht, dass sich das Thema ›Gott‹ damit erübrigte. In der *Kritik der reinen Vernunft* ging es um den »Gott der Philosophen«, d. h. um das »*Urwesen* (*ens originarium*)«, das »*höchste Wesen* (*ens summum*)« und das »*Wesen aller Wesen* (*ens entium*)« (B 605 f.), ohne das das System der rationalistischen Metaphysik bodenlos und unvollständig gewesen wäre. Dieser Gottesbegriff bleibt nach Kant auch in der Kritischen Philosophie aktuell, nämlich als »ein *regulatives Prinzip* der Vernunft, alle Verbindung in der Welt so anzusehen, als ob sie aus einer allgenugsamen notwendigen Ursache entspränge, um daraus die Regel

103

einer systematischen und nach allgemeinen Gesetzen notwendigen Einheit in der Erklärung zu gründen.« (B 647)

Zu einem Gott im Modus des Als-ob kann man keine religiöse Beziehung unterhalten; seine Bedeutung erschöpft sich hier in seiner die Welterkenntnis organisierenden Funktion. In der Religion aber geht es nicht um wissenschaftliche Erkenntnis, sondern um *Glauben*, d. h. nach Kant um ein subjektiv zureichendes, aber zugleich für objektiv unzureichend gehaltenes Fürwahrhalten. (vgl. B 850) Genau diesen Status des Geglaubten kommt den »Postulaten der reinen praktischen Vernunft« zu, die Kant in der *Kritik der praktischen Vernunft* einführt; sie sind subjektiv notwendige Annahmen, die sich uns dann aufdrängen, wenn wir uns den ganzen Umfang dessen klar machen, wozu uns der Kategorische Imperativ verpflichtet. Hier geht es um nichts Geringeres als um das Gebot, die vollendete Einheit von Glückswürdigkeit durch Tugend und Glückseligkeit anzustreben; sie ist das »höchste Gut«. Die Glückseligkeit ist dabei nicht als bloße Zutat anzusehen, die der Tugendhafte noch zusätzlich zur Glückswürdigkeit ins Spiel bringen möchte, um von seiner Tugend dann auch etwas zu haben, sondern weil der Mensch als Person dem Kategorischen Imperativ zufolge niemals bloß Mittel, sondern letztlich Zweck an sich ist, wäre das »Gut« jeder Person nicht das vollkommene und höchste, wenn sie »der Glückseligkeit bedürftig, ihrer auch würdig, dennoch aber derselben nicht teilhaftig« wäre. (KpV A 199)

Dieses höchste Gut ist aber nur dann »praktisch möglich« (KpV A 203), wenn die Seele unsterblich ist – d. h. wenn sie genügend Zeit hat, sich selbst dem höchsten Gut unendlich anzunähern (vgl. KpV A 220) – und wenn Gott existiert. So ist es nach Kant »moralisch notwendig, das Dasein Gottes anzunehmen« (KpV A 226), weil nur dies erklärt, warum die Welt so eingerichtet ist und gelenkt wird, dass wir das höchste Gut, das wir durch unser Tun anstreben sollen, tatsächlich im Prinzip auch erreichen können. Demzufolge ist Religion die Antwort auf die dritte der drei Leitfragen Kants: die Frage, was ich *hoffen* darf, wenn ich Grund habe, mich als moralisches Wesen zu verstehen; diesen Grund habe ich nach Kant allerdings dann *nicht*, wenn ich nur um dieser Hoffnung willen moralisch zu sein versuche. In diesem Sinn ist auch seine berühmte Definition zu verstehen:»Religion ist (subjektiv betrachtet) das [sic!] Erkenntnis unserer Pflichten als göttlicher Gebote.« (Rel B 229) – also nicht als Rückfall ins Alte Testament, in eine Ethik der Heteronomie, nachdem Kant selbst die Moral auf die Autonomie vernünftiger Wesen gegründet hatte. Im Unterschied zur »*geoffenbarten* […] Religion«, »in welcher ich zuvor wissen muss, dass etwas ein göttliches Gebot sei«, ist die »*natürliche* Religion« diejenige, »in der ich zuvor wissen muss, dass etwas Pflicht sei, ehe ich es für ein göttliches Gebot anerkennen kann.« (Rel B 229) Wenn mir dies möglich ist, habe ich dann auch Grund, das »höchste Gut« zu erhoffen.

»Natürliche Religion« – das ist nach Kant nichts anderes als das Thema seiner (1793) erschienenen Schrift *Die Religion innerhalb der Grenzen der bloßen Vernunft*. Mit ihr unternahm er eine umfassende Interpretation der christlichen Lehre, ganz in der Aufklärungstradition der rationalen Bibelkritik, die die Vernunft zum Maßstab des in der Religion Geglaubten zu erheben versucht hatte; bei Kant ist die spezifische Rationalität der Moral das Kriterium, und deswegen habe der »Kirchenglauben […] zu seinem höchsten Ausleger den reinen Religionsglauben« (Rel B 157). So erscheint die biblische Lehre von der Erbsünde wieder in Kants tiefsinnigen und alle Aufklärungsoptimisten irritierenden Überlegungen über das »radikal Böse in der menschlichen Natur« (Rel B 3), das ihm zufolge in dem Hang des Menschen besteht, aus Freiheit moralisch-böse Maximen statt der guten zu Triebfedern des Handelns zu erheben; als Ausweg erscheint hier aber keine Erlösung von außen, sondern die freie Umkehr des Menschen zum Guten, die das Sittengesetz unbedingt gebietet und darum auch möglich sein muss (vgl. Rel B 48 ff.). So ist auch der »Sohn Gottes« kein von Gott gesandter Erlöser, sondern nach Kant die »personifizierte Idee des guten Prinzips«, die nichts anderes enthält als die »*Menschheit . . . in ihrer moralischen ganzen Vollkommenheit*« (Rel B 73). Der historische Jesus ist somit nur der »Lehrer des Evangeliums«, der zwar seine Lehre durch »Leiden bis zum unverschuldeten und zugleich verdienstlichen Todes« beglaubigt, aber dessen Geschichte von »*Auferstehung* und *Himmelfahrt* . . ., ihrer historischen Würdigung unbeschadet, zur Religion innerhab der Grenzen der bloßen Vernunft nicht benutzt werden« (Rel B 192) könne. Dies brachte Kant Publikationsverbot ein, und das ist auch nicht erstaunlich, wenn man bedenkt, was die preußische, von Theologen dominierte Zensur sonst noch zu lesen bekam: »*Alles, was, außer dem guten Lebenswandel, der Mensch noch tun zu können vermeint, um Gott wohlgefällig zu werden, ist bloßer Religionswahn und Afterdienst Gottes.*« (Rel B 260 f.) Dann setzt Kant noch eins drauf: »Von einem tungusischen *Schaman*, bis zu dem Kirche und Staat zugleich regierenden europäischen *Prälaten*, oder [. . .] zwischen dem ganz sinnlichen *Wogulitzen*, der die Tatze von einem Bärenfell sich des Morgens auf sein Haupt legt, mit dem kurzen Gebet. ›Schlag mich nicht tot!‹ bis zum sublimierten *Puritaner* und Independenten in *Connecticut* ist zwar ein mächtiger Abstand in der Manier, aber nicht im Prinzip zu glauben; denn, was dieses betrifft, so gehören sie insgesamt zu einer und derselben Klasse, derer nämlich, die in dem, was an sich keinen bessern Menschen ausmacht (im Glauben gewisser statutarischer Sätze, oder Begehen gewisser willkürlicher Observanzen), ihren Gottesdienst setzen.« (Rel B 271) So hat die Religion nicht nur innerhalb der »Grenzen der bloßen Vernunft«, sondern auch im Bereich der Moralität zu verbleiben – als der Inbegriff unserer begründeten Hoffnungen, zu denen uns ein »guter Lebenswandel« berechtigt.

Menschliche Vernunft

Dass es sich bei der Kritik der Vernunft, der theoretischen wie der praktischen, um unsere, die menschliche Vernunft handelt, wird schon daran deutlich, dass eine göttliche Vernunft der Kritik nicht bedürfte; sie wäre in ihrem Erkennen nicht in Grenzen eingeschlossen, die zu ermitteln ja die eine Aufgabe der Vernunftkritik ist, und sie kennte als praktisches Prinzip kein Sollen, dessen Möglichkeit und Grund die Kritik der praktischen Vernunft zu sichern hat. In der *Methodenlehre* der *Kritik der reinen Vernunft* schreibt Kant: »Alles Interesse meiner Vernunft (das spekulative sowohl, als das praktische) vereinigt sich in folgenden drei Fragen: *Was kann ich wissen? 2. Was soll ich tun? 3. Was darf ich hoffen?*« (B 832 f.) Nur eine endliche Vernunft kann ein Interesse haben, das sich in solchen Fragen äußert; eine absolute Vernunft würde überhaupt keine Interessen haben, denn sie wäre sich selbst genug. Die Endlichkeit unserer Vernunft zeigt sich in Kants Werk nicht zuletzt darin, dass auch das von ihm entworfene System der reinen Vernunft an eine Grenze stößt, die in diesem System selbst genau bezeichnet und begründet wird. Dann stellt sich freilich auch die Frage, worin das Menschliche der endlichen Vernunft genau besteht: Wie verhält sich dieses Vernunftkonzept zur Anthropologie als der Lehre vom Menschen?

Eine Grenze des Systems – die Urteilskraft

Die Grenze wird schon allein durch die Tatsache deutlich, dass Kant sich genötigt sah, eine dritte Kritik zu schreiben: die *Kritik der Urteilskraft* (1790). Urteilskraft ist für ihn »das Vermögen, unter Regeln zu subsumieren, d. i. zu unterscheiden,

ob etwas unter einer gegebenen Regel […] stehe, oder nicht«
(B 171). Sie ist somit selbst ein Denkvermögen, neben dem
Verstand als dem Vermögen der Regeln und der Vernunft als
dem Vermögen der Prinzipien. Die Besonderheit der Urteilskraft besteht darin, dass sie nicht wie Verstand und Vernunft
von Regeln begrenzt ist; sie ist ein offenes Vermögen, und dies
deswegen, weil es nicht möglich ist, die Entscheidung, ob
etwas unter eine gegebene Regel gehört oder nicht, wieder in
eine Regel zu fassen: Wenn man dies versuchte, brauchte man
wieder eine Regel für diese Regelanwendung und für die Anwendung dieser Regelanwendungsregel wieder eine Regel usf.
ins Unendliche. (Vgl. B 172) So kann man mangels eindeutiger
Regeln das, was die Urteilskraft zu leisten hat, auch nicht lehren, sondern höchstens üben; sie ist nach Kant »das Spezifische des so genannten Mutterwitzes, dessen Mangel keine
Schule ersetzen kann« (B 172). Darum gilt: »Der Mangel an
Urteilskraft ist eigentlich das, was man Dummheit nennt, und
einem solchen Gebrechen ist gar nicht abzuhelfen.« (B 173
Anm.)[21] Dass unser theoretischer und praktischer Vernunftge-
brauch, der ja selbst nichts anderes als ein regional verschiedener Regelgebrauch ist, ohne Urteilskraft nicht auskommt,
ist ein deutliches Anzeichen der *Endlichkeit* unserer Vernunft:
Die Unentbehrlichkeit der Urteilskraft bewirkt, dass die Ergebnisse unseres Vernunftgebrauchs niemals gänzlich von vornherein absehbar sind, wohingegen eine grenzenlose, absolute
Vernunft durch nichts zu überraschen wäre.
Eine Kritik der Urteilskraft im Rahmen des umfassenden vernunftkritischen Programms ist somit schon deswegen wün-
schenswert, weil sie weder von der Kritik der theoretischen
Vernunft, die ihr Erkenntnisvermögen auf den Verstand ein-
schränkt, noch von der Kritik der praktischen Vernunft geleistet werden kann; in beiden Feldern kommt die Urteilskraft
auch vor, aber eben nicht als gesondertes Denkvermögen mit
eigenem Anwendungsbereich. Dass eine Kritik der Urteilskraft jedoch nicht nur willkommen, sondern tatsächlich unentbehrlich ist, macht ein Problem deutlich, vor das sich eine

Philosophie aus reiner Vernunft gestellt sieht, wenn ihre Unterscheidung zwischen theoretischer und praktischer Vernunft das letzte Wort sein sollte: Wie hängen Sein und Sollen, Natur und Freiheit letztlich zusammen? Was garantiert, dass das, was uns die Pflicht im moralischen, rechtlichen, politischen und geschichtlichen Bereich gebietet, in der Welt, wie sie faktisch ist, auch möglich und realisierbar ist? Dass wir darauf keine a priori beweisbare Antwort besitzen, zeigt erneut, dass unsere Vernunft nicht absolut ist; wir verfügen offenbar nicht über den absoluten Gottesstandpunkt, von dem aus sich das zu Unterscheidende als in einer höheren Einheit aufgehoben zeigt. In dieser Situation versteht Kant die Kritik der Urteilskraft als ein »Verbindungsmittel der zwei Teile der Philosophie zu einem Ganzen« (KU B XX); sie soll darlegen, dass die »Gesetzgebung durch Naturbegriffe«, die durch den Verstand geschieht und theoretisch ist, und die »Gesetzgebung durch den Freiheitsbegriff«, die durch die Vernunft geschieht und nur die Praxis betrifft (vgl. KU B XVII), nicht unverbunden nebeneinander stehen bleiben müssen. Somit geht es in der *Kritik der Urteilskraft* letztlich um den Abschluss des Systems der Philosophie aus reiner Vernunft, d. h. um den inneren Zusammenhang der Metaphysik der Natur mit der Metaphysik der Sitten. So erklärt sich, dass Kant zur Grundlegung eines philosophischen Systems mit zwei Teilen *drei* Kritiken benötigt. (Vgl. KU B XXX)

Es geht also um einen Übergang zwischen Sein und Sollen, Natur und Freiheit, Verstand und Vernunft – wie aber könnte die Urteilskraft dies ermöglichen? Nach Kant haben wir zwischen zwei Gebrauchsweisen dieses Vermögens zu unterscheiden: »Urteilskraft überhaupt ist das Vermögen, das Besondere als enthalten unter dem Allgemeinen zu denken. Ist das Allgemeine (die Regel, das Prinzip, das Gesetz) gegeben, so ist die Urteilskraft, welche das Besondere darunter subsumiert, [...] *bestimmend*. Ist aber nur das Besondere gegeben, wozu sie das Allgemeine finden soll, so ist die Urteilskraft bloß *reflektierend*.« (KU B XXVI) In genau dieser zweiten Situation befinden wir uns, wenn es um den Zusammenhang zwischen Natur und Freiheit in einem umfassenden philosophischen System geht. Hier ist es zunächst erforderlich, die zahlreichen empirischen Naturerkenntnisse in einen durchgängigen Zusammenhang zu bringen, weil man erst dann fragen kann, wie das Reich der Natur als Ganzes mit dem der Freiheit zusammenpasst. In beiden Fällen ist es an uns, das die getrennten Elemente Verbindende zu »finden«, d. h. in der Reflexion aufzusuchen.

Objektive Zweckmäßigkeit: Das Lebendige

Der Schlüssel hierzu ist nach Kant der *Zweck*begriff. Unter »Zweck« ist »der Begriff von einem Objekt, so fern er zugleich den Grund der Wirklichkeit dieses Objekts enthält«, zu verstehen, und die Zweckmäßigkeit ist nichts anderes als »die Übereinstimmung eines Dinges mit derjenigen Beschaffenheit der Dinge, die nur nach Zwecken möglich ist« (KU B XXVIII). Dementsprechend nennen wir Dinge zweckmäßig, wenn ihre Eigenschaften dem Zweck ihrer Existenz entsprechen. Das ist kein Problem, solange es um unsere *subjektiven* Zwecke geht, die wir uns setzen; hier aber geht es um die Natur, d. h. um *objektive* Zwecke. Die aristotelische Physiktradition hatte die Existenz und die Beschaffenheit der natürlichen Dinge samt ihrem Zusammenhang untereinander letztlich aus solchen objektiven Zwecken erklärt; sie präsentierte ein *teleologisches* (griech. *télos* – Ziel, Zweck) Weltbild mit einem höchsten Zweck aller Zwecke als oberstem Orientierungspunkt. Die neuzeitliche Naturwissenschaft hingegen operiert ausschließlich mit *kausalen* Erklärungen nach dem Schema von Ursache und Wirkung; damit wird die Einheit der Natur zum Problem, denn wenn man sich auf die Analyse einzelner Kausalbeziehungen beschränkt, kann man nicht mehr angeben, was diese Vielfalt in einem durchsichtigen Ganzen zusammenhält. (Vgl. KU B XXXV) Dasselbe gilt sogar schon für die wissenschaftliche Beschäftigung mit einzelnen Organismen: Auch wenn wir an ihnen alles Einzelne kausal erklären könnten, also alle Warum-Fragen beantwortet hätten, bliebe immer noch das Wozu offen. In diesem Sinne hat Kant bestritten, dass wir jemals mit einem »Newton« rechnen können, der »auch nur die Erzeugung eines Grashalms nach Naturgesetzen, die keine Absicht geordnet hat, begreiflich machen werde« (KU B 338), d. h. uns also einen Zweck als den Grund der Organisation aller Einzelteile und Eigenschaften zum lebendigen Ganzen dieses Organismus anzugeben vermöchte.

Die neuzeitliche Naturwissenschaft verfügt nicht über objektive Zwecke, und deshalb bleibt uns, wenn wir auf die Frage nach dem Wozu in der Natur, sei es im Hinblick auf das Lebendige, auf die Struktur der Natur im Ganzen oder auf den möglichen Zusammenhang von Natur und Freiheit, nicht verzichten wollen, nur der Gebrauch der reflektierenden Urteilskraft: »Die Zweckmäßigkeit der Natur in ihrer Mannigfaltigkeit« ist ihr Prinzip, aber es ist *unser* Prinzip, denn »den Naturprodukten kann man so etwas, als Beziehung der Natur an ihnen auf Zwecke, nicht beilegen, sondern diesen Begriff nur brauchen, um über sie in Ansehung der Verknüpfung der Erscheinungen in ihr, die nach empirischen Gesetzen gegeben sind, zu reflektieren.« (KU B XXVIII)

Im Modus der reflektierenden Urteilskraft kann man somit nach Kant auch die Welt des Lebendigen wieder in die Naturwissenschaft einbeziehen und ihren Besonderheiten gerecht werden, was er ohne den Zweckbegriff nicht für möglich hielt. Dasselbe gilt Kant zufolge auch für Betrachtung der Natur überhaupt als »System der Zwecke« (KU B 298); er spricht sogar »von dem Prinzip der Teleologie als innerem Prinzip der Naturwissenschaft« (KU B 304), sofern es nämlich in ihr um die ganze Natur geht; auf den ersten Blick scheint dies auf einen Rückfall in den Aristotelismus hinauszulaufen. Die Vereinigung von Natur und Freiheit unter dem Gedanken eines »Endzweckes des Daseins einer Welt« ist das Thema der viel zu wenig gelesenen *Methodenlehre* der *Kritik der Urteilskraft*, und diese scheint sogar in die Bahnen einer Schöpfungstheologie zurückzulenken. (Vgl. KU B 396 ff.) In Wahrheit steht dies alles in Klammern; immer handelt es sich um ein »Alsob«, das uns die reflektierende Urteilskraft aufnötigt, das wir aber nicht mit objektiver Erkenntnis verwechseln dürfen.

Der Zweckbegriff ist kein empirischer Begriff, denn die wissenschaftliche Naturerfahrung zeigt uns keine Zwecke. Er ist aber auch kein reiner Verstandesbegriff, was bedeutet, dass der Verstand, was Zwecke betrifft, der Natur »hierüber kein Gesetz vorschreiben kann« (KU XXXIX). Die Vernunft generiert Zwecke nur im Hinblick auf unser Handeln, und diese betreffen bloß das Sollen und nicht das Sein. Nach Kant verfügen wir nun einmal über die Begriffe »Zweck« und »Zweckmäßigkeit«, die uns zunächst aus praktischen Kontexten vertraut sind; seine These lautet, dass wir ohne diese Begriffe bei der Naturbetrachtung nicht auskommen, ja dass wir sie hier notwendig ins Spiel bringen. Damit besitzt das Prinzip der formalen Zweckmäßigkeit der Natur – im Vorfeld aller inhaltlichen Zweckmäßigkeitsbehauptungen – den Status eines transzendentalen Prinzips der Urteilskraft; es hat hier seinen Ursprung und seinen funktionalen Ort: »Ein transzendentales Prinzip ist dasjenige, durch welches die allgemeine Bedingung a priori vorgestellt wird, unter der allein Dinge Objekte unserer Erkenntnis überhaupt werden können.« (KU B XXIX) Das transzendentale Prinzip der formalen Zweckmäßigkeit der Natur legt fest, wie angesichts der Naturphänomene, die mit den Mitteln der Verstandeserkenntnis nicht erfasst werden können, »geurteilt werden soll« (KU B XXXI); es ist somit ein Prinzip, das nicht der Natur, sondern nur unserer Reflexion über sie ein Gesetz vorschreibt (vgl. KU XXXVII). Diese Vorschrift für die Reflexion über die Natur im Hinblick auf ihre Zweckmäßigkeit bezieht sich zugleich auf die Zweckmäßigkeit der Natur »für unser Erkenntnisvermögen«: »Die gedachte Übereinstimmung der Natur in der Mannigfaltigkeit ihrer besonderen Gesetze zu unserem Bedürfnisse, Allgemeinheit der Prinzipien für sie aufzufinden, muß, nach aller unserer Einsicht, als zufällig beurteilt werden, gleichwohl aber doch, für unser Verstandesbedürfnis, als unentbehrlich, mithin als Zweckmäßigkeit, wodurch die Natur mit unserer, aber nur auf Erkenntnis gerichteten, Absicht übereinstimmt.« (KU B XXXVIII)

Subjektive Zweckmäßigkeit: Das Schöne und Erhabene

Wenn es tatsächlich gelingt, die Naturerscheinungen durch reflektierende Urteilskraft als zweckmäßig und damit als solche zu deuten, die mit den Zwecken unserer Erkenntnis zusammenpassen, hat dieses Ergebnis einen objektiven und einen subjektiven Aspekt. In objektiver Hinsicht hat dann die Urteilskraft das Natürliche selbst als zweckmäßig, bezogen auf Naturzwecke, vorgestellt, aber das bleibt nicht ohne Rückwirkung auf das reflektierende Bewusstsein. Hier lehrt Kant, die Erfahrung, dass die als zweckmäßig beurteilte Natur mit unserer Erkenntnisabsicht übereinkommt, sei unausbleiblich mit dem *Gefühl der Lust* verbunden. (KU XXXIX)

Um dies richtig zu verstehen, ist daran zu erinnern, dass der Begriff des Gefühls, den Kant hier verwendet, erst zu Beginn des 18. Jahrhunderts aufkommt (vgl. Franke). Von den Empfindungen, Emotionen oder Affekten unterscheidet sich das Gefühl dadurch, dass es nicht direkt durch äußere oder innere Wahrnehmung erzeugt wird, sondern eine Reaktionsweise des Bewusstseins auf Wahrnehmungen, Erfahrungen, aber auch auf Willensregungen und sogar Gedanken ist; Gefühle sind Emotionen zweiter Ordnung. Der Masochist genießt Schmerzen; der Choleriker fühlt sich »gut«, wenn er zornig ist; wer mit dem Rauchen aufhören möchte, hat ein »schlechtes« Gefühl, wenn er zur nächsten Zigarette greift; gute Gedanken sind meist auch mit guten Gefühlen verbunden. Mit den Gefühlstheoretikern seit Shaftesbury, Hutcheson u. a. unterscheidet Kant jedoch nicht zwischen »guten« und »schlechten« Gefühlen, was man als moralisch missverstehen könnte, sondern zwischen den Gefühlen der »*Lust und Unlust*«. Wenn sich bei der Vorstellung eines Gegenstandes ein Gefühl der Lust einstellt, dann haben wir nach Kant nichts Objektives erkannt, sondern nur die Erfahrung gemacht, dass der Gegenstand, so wie wir ihn subjektiv vorstellen, seiner Form nach mit den »Erkenntnisvermögen, die in der reflektierenden Urteilskraft im Spiel sind«, zusammenpasst; das Lustgefühl drückt »also bloß eine subjektive formale Zweckmäßigkeit des Objekts« (KU B XLIV) aus.

Diese subjektive Zweckmäßigkeit der Vorstellung eines Gegenstandes nennt Kant die *ästhetische* Beschaffenheit dieser Vorstellung; durch sie erkennen wir nichts vom Gegenstand selbst, aber auf ihrer Grundlage fällen wir gleichwohl Urteile über vorgestellte Gegenstände. Dieser durchgängige Subjektbezug unterscheidet die ästhetische Urteilskraft von der *teleologischen*, die sich reflektierend auf objektive Naturzwecke und Zweckmäßigkeiten bezieht.

Mit seiner Theorie der ästhetischen Urteilskraft eröffnet Kant die Tradition der modernen Ästhetik. Hier geht es nicht mehr wie noch in der *Transzendentalen Ästhetik* der *Kritik der reinen Vernunft* um eine Theorie der sinnlichen Wahrnehmung (griech. *aísthesis*), sondern um eine kritische Fortführung dessen, was Alexander Gottlieb Baumgarten (1714–1762) als »Ästhetik« begründet hatte: eine Theorie der sinnlichen Erkenntnis, die dort als die »niedere« (*gnoseologia inferior*) gegenüber der logischen Erkenntnis als der »höheren« erscheint. Kant übernimmt Baumgartens Unterscheidung zwischen logischen, ästhetischen und ethischen Urteilen und damit die These von der Sonderstellung des Ästhetischen als einer eigenen Zugangsform zur Wirklichkeit. Neu ist bei ihm freilich, dass er bestreitet, dass es sich hier überhaupt um Erkenntnis handelt: Das Ästhetische ist rein subjektiv; es betrifft das Gefühl der Lust und Unlust in der Reaktion des Bewusstseins auf die Erfahrung der subjektiven Zweckmäßigkeit von Gegenstandsvorstellungen, also etwas, »*was gar kein Erkenntnisstück werden kann*« (KU B XLIII).

Was wir in einem ästhetischen Urteil als subjektiv zweckmäßig und damit als mit dem Gefühl der Lust verbunden beurteilen, und zwar so, dass wir dies nicht nur für uns privat, sondern als »für jeden Urteilenden überhaupt« als gültig unterstellen, »heißt alsdann *schön*; und das Vermögen, durch eine solche Lust (folglich auch allgemeingültig) zu urteilen, der *Geschmack*« (KU B XLV). Kants Ästhetik gehört somit in den Kontext der Geschmacksästhetiken des 18. Jahrhunderts, die sämtlich darum bemüht waren, die Autonomie der Künste zu begründen, und dies gegenüber den Ansprüchen der Metaphysik und Theologie ebenso wie gegen die Vereinnahmung durch Moral und Politik. Seit Platon wurde das Schöne als sinnliche Erscheinung der Idee, des Göttlichen oder Absoluten verstanden; noch Baumgarten definiert: »Schönheit ist Vollkommenheit in der Erscheinung, wie sie dem Geschmack im weiteren Sinne wahrnehmbar ist.« (Zit. n. Delekat 385) Diese Verknüpfung von Schönheit und Vollkommenheit bedeutete zugleich eine Einladung zur Moralisierung der Kunst, sofern man nämlich von ihr eine Versinnlichung der moralischen Vollkommenheit erwartete. Kants epochale Leistung in der Geschichte der Ästhetik besteht darin, dass er durch seine Theorie der ästhetischen Urteilskraft die seit der Renaissance immer wieder behauptete Eigenständigkeit des Ästhetischen und der Künste wirklich begründete.

Nach dem methodischen Vorbild der *Kritik der reinen Vernunft* beginnt Kant mit einer Analytik dessen, was die ästhetische Urteilskraft hervorbringt: Geschmacksurteile. »Die Definition des Geschmacks, welche hier zum Grunde gelegt wird, ist: daß er das Vermögen der Beurteilung des Schönen ist.« (KU B 4 Anm.) Das Schöne steht zwischen dem Angenehmen und dem Guten. »Angenehm ist das, was den Sinnen in der Empfindung gefällt.« (KU B 7) »Gut ist das, was vermittelst der Vernunft, durch den bloßen Begriff, gefällt.« (KU B 10) Das Angenehme und das Gute ist jeweils mit *Interesse* verbunden, dagegen zielt der Geschmack auf das »Beurteilungsvermögen eines Gegenstandes oder einer Vorstellungsart durch ein Wohlgefallen, oder Mißfallen, *ohne alles Interesse. Der Gegen-*

stand eines solchen Wohlgefallens heißt *schön*.« (KU B 16) Dieses interesselose Wohlgefallen wird zudem im Geschmacksurteil als etwas unterstellt, was sich bei allen in gleicher Weise einstellt, sofern sie überhaupt Geschmack haben, ohne dass man dies beweisen könnte: »Schön ist das, was ohne Begriff allgemein gefällt.« (KU B 32) Diese Allgemeinheit ist zwar nur eine subjektive, aber sie unterscheidet das Schöne vom Angenehmen, indem das Wohlgefallen nur privat ist. Kant fügt dem dann noch die Bestimmungen hinzu, dass das Schöne im Geschmacksurteil als zweckmäßig beurteilt wird, ohne dass dabei bestimmte Zwecke ins Spiel kommen, und dass diese »Zweckmäßigkeit ohne Zweck« als Grundlage eines notwendigen, jedermann »anmutbaren« Wohlgefallens wirkt. (Vgl. KU B 32 ff. und B 61 ff.)

Was diese intersubjektive Notwendigkeit betrifft, so stützt sich Kant auf die »Idee des Gemeinsinns« (vgl. KU B 64 ff.); wir müssen sie in Anspruch nehmen, weil niemand bestreiten kann, dass wir unsere ästhetischen Erfahrungen mitteilen und über sie diskutieren können. Ohne den Gemeinsinn bliebe das Ästhetische ein bloß privates Erlebnis einzelner Subjekte, über das zu streiten sinnlos wäre. Der Gemeinsinn unterscheidet sich vom Verstand dadurch, dass er kein objektives Erkenntnisvermögen ist, sondern nur die Basis abgibt für die Unterstellung, dass das Schöne *allgemein* gefällt, also intersubjektiv zugänglich ist. Die Grundlage für Kants Theorie des Gemeinsinns ist seine Überzeugung, dass die Bewusstseinsvermögen wie Sinnlichkeit, Einbildungskraft, Verstand, Urteilskraft und Vernunft bei allen Menschen strukturell gleich sind; wenn das so ist, dann kann dies auch für die subjektive Zweckmäßigkeit gelten, auf die sich die ästhetische Urteilskraft bezieht. In seiner *Analytik des Schönen* verfährt Kant ziemlich schematisch, indem er einfach der Kategorientafel aus der *Kritik der reinen Vernunft* folgt; das ist sicher heuristisch fruchtbar, aber man kann darüber streiten, ob seine vier Bestimmungen des Schönen begrifflich wirklich unabhängig voneinander sind. Insgesamt ist das Schöne situiert zwischen Sinnlichkeit und Verstand; hier stellt sich nach Kant die ästhetische Erfahrung der subjektiven Zweckmäßigkeit dann ein, wenn angesichts bestimmter Gegenstände unsere beiden Erkenntnisvermögen – das sinnliche und das begriffliche – in einen Zustand freier, d. h. weder sinnlich erzwungener noch begrifflich herleitbarer Übereinstimmung geraten. (Vgl. KU B 68 ff.)

Aber wir haben ja auch Vernunft, und im freien Zusammenspiel von Sinnlichkeit und Vernunft als dem »höheren Erkenntnisvermögen« machen wir Kant zufolge eine ästhetische Erfahrung eigener Art: die des *Erhabenen*. Das Erhabene war ein wichtiges Thema der Ästhetik des 18. Jahrhunderts, und an der Diskussion darüber beteiligte sich auch Kant mit seinen *Beobachtungen über das Gefühl des Schönen und Erhabenen* (1764), wobei er an Baumgarten und Moses Mendelssohn (1729–1786) anknüpfte (vgl. dazu Irrlitz 359); erst in der *Kritik der Urteilskraft* wird auch das Erhabene auf eine kritische Grundlage gestellt. Im »Geistesgefühl« des Erhabenen bezieht sich die subjektive Zweckmäßigkeit angesichts bestimmter Objekte nicht auf die Naturbegriffe, die der Verstand bereitstellt, sondern auf den Freiheitsbegriff, der in der praktischen Vernunft gründet. (KU B XLVIII) Diese Erfahrung stellt sich ein, wenn wir etwas vor uns haben, was schlechthin, über jede subjektive Schätzung hinaus, groß und mächtig ist – Kant nennt hier vor allem schreckenerregende Naturerscheinungen –, während wir »uns in Sicherheit befinden« (KU B 104) und dann trotz aller Emotionen wie Angst und Schrecken, die das Erlebte in uns auslösen mag, unserer selbst als Vernunftwesen inne werden, also als solche, die ungeachtet ihrer Abhängigkeit von der äußeren und inneren Natur zugleich auch über die Natur erhoben sind. (Vgl. KU B 106) Im Unterschied zu seiner Theorie des Schönen haben nur wenige an Kants Analytik des Erhabenen angeknüpft.[22]

Man hat Kant immer wieder kritisiert, weil er angeblich nur eine Theorie der ästhetischen Urteile, aber keine Philosophie der Kunst im Sinne einer Theorie der Kunstwerke vorgelegt habe. Dieser Einwand geht wesentlich auf Hegel zurück, der in seinen *Vorlesungen über die Ästhetik* an Kant bemängelt, dass er bei der bloßen Subjektivität der ästhetischen Erfahrung stehen geblieben sei, während es doch darum gehe, die Kunst als Einheit von Subjektivität und Objektivität des Ästhetischen darzustellen. (Vgl. Hegel 13, 88f.) Die hegelsche Tradition wurde zum einen ohne größere philosophische Ambitionen fortgesetzt in der Kunstwissenschaft, die im frühen 19. Jahrhundert als selbstständige akademische Disziplin entsteht; die anderen »Erben« waren die hegelianisch ausgerichteten Marxisten wie Georg Lukács, Ernst Bloch, Theodor W. Adorno, aber auch die hermeneutischen, vor allem von Martin Heidegger inspirierten Kunsttheoretiker (z. B. Hans Georg Gadamer). Gleichwohl ist Hegels Kritik nicht wirklich gerechtfertigt. Kant spricht durchaus auch von den Gegenständen der ästhetischen Erfahrung, er beschränkt dies allerdings nicht auf die Kunstwerke; grundlegend ist für ihn die Theorie des Naturschönen, was sich ja schon aus dem Einführungskontext der reflektierenden Urteilskraft in ästhetischer Hinsicht ergibt: Hier ist das Gefühl der Lust oder Unlust das subjektive Pendant der Erfahrung der Angemessenheit des als zweckmäßig Beurteilten bezogen auf unsere Erkenntnisbedürfnisse, das wir dann in objektiver Hinsicht als teleologisch strukturiert auffassen; es wird zunächst gar nicht zwischen natürlichen Gegenständen und Artefakten unterschieden. In diesem Sinn formuliert Kant: »Schöne Kunst ist eine Kunst, so fern sie zugleich Natur zu sein scheint.« (KU B 179) Auch die Erfahrung des Erhabenen wird von ihm fast ausschließlich anhand von Naturphänomenen exemplifiziert – allerdings mit den Ausnahmen der Pyramiden und St. Peter in Rom. (Vgl. KU B 88) Hegel hat dann das Naturschöne aus der Ästhetik verbannt – mit dem Argument, nur die Kunst sei schön, und die Kunst sei »Geist« und nicht Natur; mit seiner berühmten Formel »Das *Schöne* bestimmt sich [...] als das sinnliche *Scheinen* der Idee« (Hegel 13, 151) versuchte er sogar, die Philosophie der Kunst in die Bahnen der herkömmlichen Vollkommenheitsästhetiken zurückzulenken. Adorno hat in seiner *Ästhetischen Theorie* das Naturschöne rehabilitiert (vgl. Adorno 97 ff.), ohne freilich die hegelschen Prämissen aufzugeben. Überdies pflegen die hegelianischen Kant-Kritiker zu übersehen, dass die *Kritik der Urteilskraft* auch eine Theorie des Genies und die Skizze einer Systematik der Künste enthält. (Vgl. KU B 181 ff.)

Kant oder Hegel? Für die Ästhetik ist dieser Streit ist bis heute ungeschlichtet. Tatsächlich scheint aber Kant hier der modernere Theoretiker zu sein. Die Künste sind schon lange »nicht mehr schön«[23], und damit passt eben nicht zusammen, dass Hegel die Kunst auf das Schöne als das sinnliche Scheinen der Idee festlegte. Bei Kant hingegen besteht zwischen der »subjektiven Zweckmäßigkeit« und dem Schönen kein unauflöslicher Zusammenhang; das damit verbundene »Gefühl der Lust und Unlust« kann sich auch auf andere ästhetische Qualitäten beziehen, wie es ja in der Moderne tatsächlich der Fall ist. Was Kantianer Hegel und seinen Nachfolgern entgegenhalten, ist: Kunst ist nicht »absoluter Geist«. Es gibt keine Metaphysik der Kunst. Das Ästhetische bleibt eingeschlossen in unsere endliche Subjektivität, wie sie von der reflektierenden Urteilskraft als der Basis der ästhetischen Erfahrung angezeigt wird; nur von hier aus lässt sich die Sonderstellung des Ästhetischen gegenüber dem Theoretischen und dem Praktischen überhaupt begreifen. Götter kennen weder das Naturschöne noch das Erhabene, und sie haben auch keine Kunst.

Von 1765 bis zum Ende seiner Vorlesungstätigkeit im Jahre 1796 hat Kant regelmäßig Logik-Vorlesungen gehalten, und zwar gemäß dem akademischen Gebrauch jener Zeit anhand eines Standardwerks; auf den »eingeschossenen«, d. h. miteingebundenen leeren Seiten seines Exemplars hat er sich zahlreiche Randnotizen gemacht und Erläuterungen vermerkt. 1798 bat er seinen Schüler Gottlob Benjamin Jäsche, einen Privatdozenten der Universität Königsberg, dieses Material in die Form eines Handbuchs zu bringen und zu veröffentlichen. Die 1800 erschienene »Jäsche-Logik«, die man heute mit einer Reihe von Kollegnachschriften vergleichen kann, enthält erneut die aus der *Kritik der reinen Vernunft* bekannten drei Grundfragen der Philosophie: »1) Was kann ich wissen? 2) Was soll ich tun? 3) Was darf ich hoffen?«, aber sie fügt dem eine weitere Frage hinzu: »4) Was ist der Mensch?« (Log A 25) Dazu heißt es: »Die erste Frage beantwortet die *Metaphysik*, die zweite die *Moral*, die dritte die *Religion*, und die vierte die *Anthropologie*. Im Grunde könnte man aber alles dieses zur Anthropologie rechnen, weil sich die ersten drei Fragen auf die letzte beziehen.« (Log A 25) Daraus könnte man schließen, Kants Philosophie insgesamt sei anthropologisch, also eine Philosophie vom Menschen; dass sich nach Kant die drei vernunftkritischen Fragen auf die vierte beziehen, legt den Eindruck nahe, »Was ist der Mensch?« sei für ihn die Grundfrage seiner Philosophie überhaupt und die drei ersten seien bloße »Teilfragen«.[24] Dem sind eine ganze Reihe von Kant-Interpreten bis in unsere Tage gefolgt; sie alle vertreten die These, Kants Transzendentalphilosophie sei in Wahrheit anthropologisch im weiteren Sinne, man müsse sie deshalb psychologisch, physiologisch, evolutionsbiologisch und sogar soziologisch »entziffern«, denn nur als Lehre vom wirklichen Menschen hätte sie Boden unter den Füßen, und nicht als abstrakte Prinzipientheorie.

Dass eine solche Lektüre das kantische Werk verfehlt, zeigt

allein schon die Stellung, die die Anthropologie darin einnimmt. Seit 1772/73 las Kant in jedem Wintersemester über Anthropologie, und dies war wohl seine beliebteste und erfolgreichste Veranstaltung, mit der er auch zahlreiche Studenten anderer Fächer und interessierte Laien erreichte. 1798 ließ er den Stoff dieser Vorlesung als Buch erscheinen, und zwar mit dem Titel *Anthropologie in pragmatischer Hinsicht*. In der Vorrede heißt es: »Eine Lehre von der Kenntnis des Menschen, systematisch abgefaßt (Anthropologie), kann es entweder in *physiologischer* oder in *pragmatischer* Hinsicht sein. – Die physiologische Menschenkenntnis geht auf die Erforschung dessen, was die *Natur* aus dem Menschen macht, die pragmatische auf das, was *er*, als freihandelndes Wesen, aus sich selber macht, oder machen kann und soll.« (APH B IV) Schon diese Stelle ist geeignet, die These zu entkräften, die Lehre vom Menschen bilde die Basis von Kants systematischer Philosophie. Zunächst ist nur von »Menschenkenntnis« die Rede, also nicht einmal von Erkenntnis, Wissenschaft oder gar Metaphysik. Dann muss eine solche »Kenntnis« in physiologischer Hinsicht einen gehaltvollen Naturbegriff und in pragmatischer, d. h. auf Handlung und Lebensführung bezogener Hinsicht den Menschen als »freihandelndes Wesen« in Anspruch nehmen, um anschließend zeigen zu können, was daraus folgt; beide Voraussetzungen kann die Anthropologie als Lehre von der Menschenkenntnis nicht selbst begründen. Mithin können wir erst nach dem Abschluss der Vernunftkritik, wenn feststeht, was wir wissen können und was nicht und dass uns das Sittengesetz die Idee unserer Freiheit und den Grund unserer Hoffnungen nahe legt, die Frage stellen »Was ist der Mensch? Wer sind wir?«[25]

So beziehen sich die ersten drei Fragen tatsächlich auf die vierte – nicht als Ausgangs-, sondern als Abschlussfrage. Kant begründet dies selbst mit Hilfe seiner Unterscheidung zwischen dem Schul- und dem Weltbegriff der Philosophie: »Philosophie ist […] das System der philosophischen Erkenntnisse oder der Vernunfterkenntnis aus Begriffen. Das ist der

Schulbegriff von dieser Wissenschaft. Nach dem *Weltbegriffe* ist sie die Wissenschaft von den letzten Zwecken der menschlichen Vernunft.« (Log A 23; vgl. auch B 867) Diese »letzten Zwecke« vereinigen sich nach Kant unter dem »Endzweck der menschlichen Vernunft, dem, als dem obersten, alle anderen Zwecke subordiniert sind und sich in ihm zur Einheit vereinigen müssen«. (Log A 25) Worin dieser Endzweck besteht, wird angedeutet durch die These, dass es sich beim Weltbegriff um Philosophie in »weltbürgerlicher Bedeutung« handle, also um Philosophie in der Perspektive dessen, was Kants Reflexionen über die Geschichte als den Kern der »Naturabsicht« mit der Menschheit ausgeführt hatten: die »Erreichung einer allgemein das Recht verwaltenden bürgerlichen Gesellschaft«, weil nur in ihr alle menschlichen Anlagen entwickelt werden können. (IAG A 394 und vgl. 403) Dieses Ziel ist aber nicht nur in pragmatischer Hinsicht zu empfehlen, sondern selbst durch die rechtlichen und politischen Implikationen des Kategorischen Imperativs geboten. So wird deutlich, dass die Philosophie nach dem Weltbegriff die Philosophie nach dem Schulbegriff voraussetzt; es handelt sich nicht um zwei verschiedene Philosophien. Sie stellt auch keine bloße Ergänzung der Schulphilosophie dar, die man genauso gut weglassen könnte, denn nur in der Perspektive des »Endzwecks der menschlichen Vernunft« wird die Schulphilosophie selbst sinnvoll. Nach Kant verbleibt die Schulphilosophie im Bereich bloßer »Geschicklichkeit«, während die »weltbürgerliche« Philosophie dem Ziel der »Weisheit« folgt, denn sie zeigt uns »die letzten Zwecke der menschlichen Vernunft« (Log A 23 f.). Dass somit auch die Anthropologie »auf die Schule folgen« (APH B VI) muss, liegt daran, dass die Welt- und Menschenkenntnis ein unentbehrlicher Bestandteil der philosophischen Weisheit ist.

Dass Kants Lehre entstellt wird, wenn man sie anthropologisch deutet, wird auch daran deutlich, dass ihm zufolge der Weltbegriff nicht am Menschen als Endzweck, sondern am Endzweck der menschlichen *Vernunft* orientiert ist; so ist seine Philosophie primär und vor allem anderen Philosophie

122

der Vernunft und nur am Rande und im Medium unentbehrlicher Ergänzungen des Systems Lehre vom Menschen. (Vgl.
Marquard) Vor allem in der Ethikbegründung hat sich Kant
vehement gegen die Anthropologisierung gewehrt: »alle Moralphilosophie beruht gänzlich auf ihrem reinen Teil, und, auf
den Menschen angewandt, entlehnt sie nicht das mindeste
von der Kenntnis desselben (Anthropologie), sondern gibt
ihm, als vernünftigem Wesen, Gesetze a priori« (GMS BA IX);
so kommt die »praktische Anthropologie« bestenfalls als »empirischer Teil« der Ethik infrage (GMS BA V). Michel Foucault
hat in der ungedruckten Einleitung zu seiner französischen
Übersetzung von Kants *Anthropologie in pragmatischer Hinsicht* gezeigt, dass Kant noch nicht der anthropologischen
Episteme der Moderne zuzurechnen ist (vgl. Hemminger) und
somit auch nicht ihre Begründungsprobleme teilt; diese bestehen vor allem darin, dass in der Tradition von Feuerbach
über den jungen Marx bis zu Sartre der wirkliche Mensch zugleich als Gegenstand der philosophischen Erkenntnis und als
transzendentale Bedingung dieser Erkenntnis erscheint. Aus
der Tatsache, dass Kant nicht den Menschen, wie er geht und
steht, zum »Endzweck« erklärt, sondern das, was die menschliche Vernunft dem Menschen als Aufgabe stellt, hat man zu
Unrecht auf einen leib-, emotions- und im Ergebnis menschen-
feindlichen Rationalismus bei Kant geschlossen (vgl. Böhme/
Böhme); was Kant selbst über den Zusammenhang von
Glückswürdigkeit und Glückseligkeit als das »höchste Gut«
ausführte, sollte die Kritiker eines Besseren belehren.
Nun finden sich tatsächlich zahlreiche anthropologisch klin-
gende Wendungen in Kants Texten. In der *Kritik der reinen
Vernunft* heißt es z. B.: »Unsere Natur bringt es so mit sich, daß
die *Anschauung* niemals anders als *sinnlich* sein kann, d. i.
nur die Art enthält, wie wir von Gegenständen affiziert werden.« (B 75) Es gibt also keine intellektuelle Anschauung, und
das bedeutet, dass das Vernunftwesen Mensch sinnlich affi-
zierbar ist. Woher wissen wir das? Nicht aus einer Phänomenologie des Menschseins und erst recht nicht aus einer empiri-

schen Wissenschaft vom Menschen, sondern allein aus der Analyse unserer Erfahrung; nicht die Erzählung, wie sie zustande kommt, allein die »Zergliederung« (vgl. Prol A 81) dessen, was »in ihr liegt« (Prol A 87), führt uns nach Kant auf die Dualität von Sinnlichkeit und Verstand, Rezeptivität der Anschauung und Spontaneität des Denkens. Dass die menschliche Vernunft im Erkennen auf Sinnlichkeit angewiesen ist, hat sein genaues Pendant in der Moralphilosophie, nämlich in der These, dass die Gesetzgebung der praktischen Vernunft für reine Vernunftwesen ein eigenes notwendiges Wollen bedeutete, aber für durch Sinnlichkeit in der Form von Neigungen affizierbare vernunftbegabte Wesen, die wir sind, unvermeidlich die Form eines Sollen annimmt. (Vgl. GMS BA 113) So sagt Kant: »[…] dieses Sollen ist eigentlich ein Wollen, das unter der Bedingung für jedes vernünftige Wesen gilt, wenn die Vernunft bei ihm ohne Hindernis praktisch wäre.« (GMS BA 102) Dass wir *beides* sind – Sinnen- und Vernunftwesen –, erkennen wir nicht durch bloße Menschenkenntnis, sondern auf der Grundlage unseres moralischen Bewusstseins dessen, was Pflicht ist, und wenn wir uns klar machen, was es bedeutet, Adressat von Pflichten zu sein, ist dies das Ergebnis.

Irritierend mag sein, dass Kant häufiger und an vielen Stellen mit der Unterscheidung zwischen uns Menschen und »allen vernünftigen Wesen« (z. B. GMS BA 90) operiert. Dabei betont er freilich, dass wir keine anderen vernünftigen Wesen außer uns kennen (vgl. IAG A 388 und A 397 Anm.); gleichwohl können wir ihm zufolge deren Möglichkeit nicht ausschließen. Dass wir somit die Differenz zwischen uns als endlichen Vernunftwesen und anderen, für die die menschlichen Einschränkungen nicht gelten, offen zu halten haben, bedeutet keine Einladung zu mystischen oder kosmologischen Spekulationen[26]; betont wird vielmehr nur noch einmal der Primat der theoretischen und praktischen Prinzipien aus reiner Vernunft gegenüber allem Anthropologischen. Hier wird nicht etwa etwas Abstraktes gegen den konkreten Menschen ausgespielt, denn die Vernunft ist ja nicht eine »höhere« Instanz oder gar ein metaphysisches Gespenst; sie ist eine Fähigkeit, die Kant das »Vermögen der Prinzipien« nennt und die auch anderen Wesen als uns eigen sein könnte, ohne dass wir davon wissen. Sofern wir Vernunftwesen sind, sind wir selbst die Autoren dieser Prinzipien; dann sind sie *unsere* Prinzipien, die wir unter den Bedingungen unserer Sinnlichkeit auch im Einzelnen zu realisieren vermögen, im Erkennen ebenso wie im Handeln. Nur in dem Maße, in dem uns dies gelingt, können wir uns als Vernunftwesen begreifen, denn der Mensch ist nach Kant ein »mit *Vernunftfähigkeit* begabtes Tier (*animal rationabile*)«, das aus sich auf dem Wege ständiger Perfektionierung »ein *vernünftiges Tier* (*animal rationale*) machen kann« (APH B 313), ohne es doch schon zu sein.

Kant denkt den Menschen im Spannungsfeld zwischen Animalität und Rationalität, und dies immer in Hinblick auf das Allgemeine in ihm – die Menschheit; so gebietet der Kategorische Imperativ in der bereits zitierten Zweck-Mittel-Formulierung: »Handle so, daß du die Menschheit, sowohl in deiner Person, als in der Person eines jeden andern, jederzeit zugleich als Zweck, niemals bloß als Mittel brauchest.« (GMS BA 66 f.) Da möchte man fragen: Wo bleibt das *Individuum*? Kant sagt, dass der Mensch ein »vernünftiges Tier« sei wegen der ihn »vor allen anderen Tieren auszeichnenden Eigenschaft des *Selbstbewußtseins*« (EFP A 487). Diese Verknüpfung der Vernunft mit dem Selbstbewusstsein hat nicht nur psychologische, sondern auch existenzialistische Kant-Deutungen provoziert, die die Überzeugung verbinden, Kant habe das, was wir als empirische Individuen von uns wissen, zur Grundlage seiner Philosophie erhoben, und wo er dies nicht wirklich durchgeführt habe, sei er zu korrigieren. Auch hier muss man Kant gegen seine Liebhaber verteidigen. Was es mit dem Selbstbewusstsein als Basis seiner Philosophie auf sich hat, kann man zeigen anhand der bekannten Formulierung: »Das: *Ich denke*, muß alle meine Vorstellungen begleiten können; denn sonst würde etwas in mir vorgestellt werden, was gar nicht gedacht werden könnte, welches eben so viel heißt, als die Vorstellung würde entweder unmöglich, oder wenigstens für mich nichts sein.« (B 131 f.) Vom Denkenden selbst ist hier die Rede in der Perspektive der 1. Person Singular, also davon, dass Vorstellungen *meine* Vorstellungen sind, die in *mir* vorgestellt werden und so *für mich* etwas sind. Nur durch das *Ich denke* sind Vorstellungen *meine* Vorstellungen. Es begleitet natürlich nicht alle meine Vorstellungen faktisch, sondern nur der Möglichkeit nach; tatsächlich denke ich ja nicht immer, wenn ich ›p, q, r denke‹, ›ich denke p‹, ›ich denke q‹, ›ich denke r‹. So ist das *Ich denke* eine all mein Vorstellen immer schon bestimmende Einheitsfunktion, die das Vorgestellte mir als dem Vorstellenden zuordnet und als solche bewusst gemacht werden kann. Kant nennt dieses *Ich denke* und die durch es gestiftete Einheit die »transzendentale Einheit des Selbstbewußtseins« (B 132) im strengen Sinn von »transzendental«: Diese Einheit stellt die »allgemeine Bedingung a priori« vor Augen, »unter der allein Dinge Objekte unserer Erkenntnis überhaupt werden können« (KU B XXIX). Das *Ich denke* ist somit nach Kant die »allgemeine Bedingung a priori« dafür, dass wir als wirkliche Menschen Selbstbewusstsein haben können; allem, was wir von uns selbst wissen, liegt jene transzendentale Einheit immer schon zugrunde und macht es möglich.

So überspringt nach Kant jede Philosophie, die mit dem faktischen Selbstbewusstsein des Philosophierenden beginnen zu können glaubt, die Tatsache, dass dieser vermeintliche erste Anfang selbst schon unter angebbaren Vorbedingungen steht, und damit verfährt sie notwendig zirkulär: Unsere Selbstkenntnis ist ebenso wie unser Wissen von der natürlichen und sozialen Welt *empirisch*, und wenn man in kritischer Absicht fragt, was Erfahrung ist und was sie möglich macht, darf man keine empirische Antwort erwarten, die befriedigen könnte. Dies ist in der Tat der Fehler fast aller empiristischen Theorien des Selbstbewusstseins. Aber auch die rationalistische Metaphysiktradition saß ihm auf; schon Descartes glaubte, dem *Ich denke* (*ego cogito*) Informationen über das Ich (*ego*) entnehmen zu können: dass es einfach, unzerstörbar und deshalb als

Seele unsterblich sei. Kants Kritik in dem überaus glänzenden Kapitel *Von den Paralogismen [Fehlschlüssen] der reinen Vernunft* in der *Kritik der reinen Vernunft* demonstriert nicht nur den Vertretern einer »rationalen Psychologie«, sondern allen Selbstbewusstseinstheoretikern, was passiert, wenn man das *Ich denke* mit dem Ich verwechselt. Das *Ich denke* bin nicht ich, sondern ich bin jemand, der immer dann, wenn er etwas denkt, der Möglichkeit nach immer schon ein begleitendes »Ich denke ...«, d. h. »Ich denke etwas« gedacht hat, und dies gilt auch dann, wenn ich »Ich« denke. Kant nennt dies »die einfache und für sich selbst an Inhalt gänzlich leere Vorstellung: Ich, von der man nicht einmal sagen kann, dass sie ein Begriff sei, sondern ein bloßes Bewußtsein, das alle Begriffe begleitet. Durch dieses Ich, oder Er, oder Es (das [denkende] Ding), welches denket, wird nun nichts weiter, als ein transzendentales Subjekt der Gedanken vorgestellt = x, welches nur durch die Gedanken, die seine Prädikate sind, erkannt wird, und wovon wir, abgesondert, niemals den mindesten Begriff haben können; um welches wir uns daher in einem beständigen Zirkel herumdrehen, indem wir uns seiner Vorstellung jederzeit schon bedienen müssen, um irgend etwas von ihm zu urteilen.« (B 403 f.) Dass das *Ich denke* somit keine Informationen über mich enthält, dass es vielmehr solchen Informationen immer schon zugrunde liegt, drückt Kant so aus, dass ihm zufolge »der Satz: *Ich denke* ... die Form eines jeden Verstandesurteils überhaupt enthält« (B 406). Da ihm zufolge Urteile Denkfunktionen sind, die bestimmten Regeln folgen, vergegenwärtigen wir uns mit diesem Satz nichts anderes als die Grundform aller Verstandesfunktionen, und die ist die der Synthesis des Mannigfaltigen zur Einheit.

Was in diesem Satz das Wort »Ich« bedeutet, fasst Kant als »gänzlich leere Vorstellung« und als ein »bloßes Bewußtsein, das alle Begriffe begleitet«; er nennt dies auch in der Terminologie von Leibniz die »*reine*« und »*ursprüngliche Apperzeption*, weil sie dasjenige Selbstbewußtsein ist«, das »die Vorstellung *Ich denke* hervorbringt« (B 132). So wird vielleicht auch die Formulierung verständlich, das *Ich denke* sei die »ursprünglich-synthetische Einheit der Apperzeption« (B 132). Wir können freilich heute Kant nicht mehr bei der These folgen, das Wort »ich« bezeichne irgendeine, wenn auch inhaltsleere Bewusstseinstatsache; tatsächlich ist ›ich‹ ein Indexwort, mit dem der Sprechende jeweils auf sich als den Autor seiner Äußerungen und Handlungen verweist[27], und weitere Informationen enthält es nicht.

Dies führt zur Frage nach dem Subjekt: Wenn Kant Subjektphilosoph ist, wie es ihm seine idealistischen Kritiker vorwarfen – wer oder was ist denn das Subjekt? Läuft dies nicht doch wieder auf anthropologisches Philosophieren hinaus? Die Termini »Subjekt« und »Subjektivität« kommen in seinen Texten weit seltener vor, als man erwarten könnte. Häufig ist mit »Subjekt« nur Bewusstsein gemeint, etwa wenn er das Subjekt als Gegenstand des »inneren Sinnes« bezeichnet (B 68); im Modus des inneren Sinnes, den Kant als Medium innerer Wahrnehmung versteht, erleben wir das Subjektive. In der oben zitierten Passage spricht Kant vom Ich als »transzendentalem Subjekt«, dessen »Prädikate« die einzelnen Gedanken seien, und das wir nur durch sie, d. h. indirekt identifizieren können; die Verwendung der logischen Metapher »Subjekt - Prädikat« betont dabei, dass es sich hier um Denken handelt. In diesem Kontext deutet das Wort »Subjekt« in Verbindung mit »transzendental« auf einen Bereich, der sich der Objektivierung entzieht, weil er bei jedem Versuch, es erkennend dingfest zu machen, immer schon im Spiel ist und in Anspruch genommen wird. Um Missverständnisse und Paralogismen zu vermeiden, sollte man an dieser Stelle statt von Subjekt besser von *Subjektivität* sprechen. Transzendentale Subjektivität – damit sind nicht unsere psychologischen oder anthropologischen Eigenschaften gemeint, es geht vielmehr um einen Inbegriff von Formen, Funktionen, Regeln und Prinzipien, die in Wahrheit präsubjektiv sind, weil neben unserem Weltumgang auch unsere Selbstkenntnis dadurch erst möglich wird. Dass diese Subjektivität also nicht subjektiv im üblichen Wortsinn ist und auch nichts Individuelles meint, hat Kant in der Formel vom »Bewusstsein überhaupt« (Prol A 82) ganz klar ausgedrückt. Der halsbrecherische Versuch Kants, die Objektivität von Wissenschaft und Moral auf der Basis von Subjektivität zu begründen, wäre völlig aussichtslos, wenn man nicht zwischen empirischer und transzendentaler Subjektivität unterscheiden könnte.

Nach Kant?

Philosophiegeschichtlich gesehen beginnt die Epoche nach Kant schon zu dessen Lebzeiten. Nachdem die *Kritik der reinen Vernunft* bei ihrem ersten Erscheinen 1781 noch ganz ohne verständnisvolles Echo geblieben war, leiten die *Prolegomena zu einer jeden künftigen Metaphysik* als bahnbrechende Erläuterungsschrift eine breite Rezeption ein, die eine Reihe von zustimmenden Kommentaren hervorbringt und dann sogar ein sechsbändiges *Enzyklopädisches Wörterbuch der kritischen Philosophie*[28]. Lebhafte Kritik kommt zunächst aus den Reihen der Leibniz-Wolff-Traditionalisten und der Popularphilosophie, aber dies verhindert nicht, dass um die Jahrhundertwende die kantische Philosophie an den Universitäten des deutschen Sprachraumes dominiert. Dabei bleibt es freilich nicht; die produktiven Selbstdenker der Zeit beginnen, sich auf die internen Schwierigkeiten und angeblichen Widersprüche vor allem der *Kritik der reinen Vernunft* zu konzentrieren und weiterführende Lösungen vorzuschlagen. Besonders wichtig ist hier Karl Leonhard Reinhold (1758–1823), der 1789 eine *Neue Theorie des menschlichen Vorstellungsvermögens* vorlegt, die grundlegende Probleme der kritischen Philosophie Kants auszuräumen verspricht; gleichzeitig verstärkt Reinhold die Wirkung der Philosophie Kants durch seine *Briefe über die Kantische Philosophie* (1790) und seine *Beiträge zur Berichtigung bisheriger Mißverständnisse der Philosophen* (1790). In diesen Jahren gilt Kant unbestritten als der führende deutsche Philosoph, während die philosophische Avantgarde gleichzeitig mächtig über das von Kant Erreichte hinausdrängt, was tatsächlich den Anschein erweckt, als sei in den letzten Lebensjahren Kants die Zeit schon über ihn hinweggegangen. (Vgl. Kühn 438)

Die weiterführende Kant-Kritik bleibt nicht bei der bloßen Verbesserung stehen, sie nimmt mit Fichtes *Grundlage der gesamten Wissenschaftslehre* (1794), von der sich der alte Kant 1799 öffentlich distanziert, eine neue Qualität an; jetzt geht es darum, Kants Werk zu »überwinden«, und zwar durch Vollendung des kritischen Denkprozesses, bei dem Kant angeblich auf halbem Wege stehen geblieben sei. Dazu ist nach Fichte eine Trennung von Geist und Buchstabe erforderlich. An F. W. J. Schelling (1775–1854) schreibt er im Jahre 1799, dass »die Kantische Philosophie, wenn sie nicht genommen werden soll, wie wir sie nehmen, totaler Unsinn sei« (zit. n. Höffe 286); gleichwohl hat Fichte immer behauptet, nichts anderes als kantische Philosophie zu vertreten.

Das gemeinsame Ziel des »deutschen Idealismus«, der mit Fichte beginnt und von Hegel auf den Höhepunkt geführt wird, ist die Rehabilitierung der spekulativen Philosophie mit den Mitteln einer immanenten Kritik des kantischen Kritizismus – »immanent« deswegen, weil hier versucht wird, durch die Anwendung des kritischen Philosophierens auf sich selbst über den Standpunkt der Endlichkeit hinaus zu gelangen. Hegel schreibt 1801: »Die *Kantische* Philosophie hatte es bedurft, daß ihr Geist vom Buchstaben geschieden und das rein spekulative Prinzip aus dem Übrigen herausgehoben wurde, was der räsonierenden Reflexion angehörte oder für sie benutzt werden konnte.« (Hegel 2, 9) Dieses »rein spekulative Prinzip« hatte der junge Schelling schon 1795 im Anschluss an Fichtes Philosophie genau bezeichnet – in einer Programmschrift mit dem Titel *Vom Ich als Princip der Philosophie oder über das Unbedingte im menschlichen Wissen*. Man kann dies als Manifest des Versuchs verstehen, die Metaphysik des Spinoza, die die Substanz der Welt als Einheit von Gott und Natur begreift, auf der Grundlage der kantischen Theorie der transzendentalen Subjektivität zu wiederholen, wobei an die Stelle Gottes ein absolutes ICH tritt. Hegel beteiligt sich zunächst an diesem Projekt, in dessen Licht selbst Fichte mit seiner Philosophie des ICH als absoluter Tathandlung noch als zu »subjektiv« erscheint. (Vgl. Hegel 2, 52 ff. und 393 ff.) In seiner *Phänomenologie des Geistes* (1807) heißt es: »Es kommt nach meiner Einsicht [...] alles darauf an, das Wahre nicht als *Substanz*, sondern ebensosehr als *Subjekt* aufzufassen und auszudrücken.« (Hegel 3, 23) Das bedeutet: In der neuen spekulativen Philosophie sind Spinoza und Fichte zusammenzuführen, und wer sich dagegen sträubt – und dies sind in der Perspektive von Schelling und Hegel vor allem die orthodoxen Kantianer – zeigt nur »räsonierende Reflexion« und »abstrakten Verstand«. Die ganze Verachtung dieser beiden Pioniere des »deutschen Idealismus« gehört damals der von ihnen so genannten »Reflexionsphilosophie« (vgl. Hegel 2, 287 ff.)

Was den überzeugten Kantianer vor allem an Hegels Texten stört, ist der Gestus überlegener Herablassung, in dem hier mit Kant umgegangen wird, so als sei er schon ganz gut, aber eben nicht gut genug. Allen »Idealisten« seit Fichte musste es darum gehen, die These von der prinzipiellen Endlichkeit der menschlichen Vernunft zu entkräften. Also musste man alles daran setzen, das kantische Symbol dieser Endlichkeit, nämlich die Unterscheidung zwischen den Dingen an sich und den Erscheinungen, aus der Welt zu schaffen; nur so konnte man hoffen in die Perspektive des Absoluten zurückzukehren, aus der Kant die Philosophie vertrieben hatte. Der These Hegels, es sei nichts leichter, als zu wissen, was das Ding an sich sei, nämlich eine ganz abstrakte und leere Gedankenbestimmung, hätte Kant selbst auch gar nicht widersprochen, wohl aber darauf bestanden, dass Denken und Erkennen nicht einfach dasselbe seien, d. h., wenn man *gedacht* und verstanden habe, was mit »Ding an sich« gemeint ist, hat man das damit Gemeinte noch nicht *erkannt*. Bei Hegel bedurfte es darum ebenso wie bei Fichte und Schelling einer radikalen Umdeutung der Begriffe von Denken und Erkennen, um ihre Kritik an Kant plausibel zu machen. Die philosophische Nachwelt ist ihnen dabei allerdings nicht gefolgt und lieber bei Kant geblieben. Kantianer sind durchaus zur Kritik der Kritik oder zur Reflexion der Reflexion fähig, doch sie bestreiten mit Gründen, dass diese Strategien aus der Endlichkeit unserer Vernunft hinausführen.

Mit Hegels Tod 1831 beginnt der Niedergang des »deutschen Idealismus«, den auch der alte Schelling, der 1841 auf Hegels Lehrstuhl in Berlin berufen wird, nicht aufhalten kann. Die Rede vom »Zusammenbruch des deutschen Idealismus«, die später aufkommt[30], ist aber ganz irreführend. Diese Episode der Philosophiegeschichte endet nicht durch eine Katastrophe, sondern in Wahrheit dadurch, dass die Vertreter des »deutschen Idealismus« in zweiter und dritter Generation nach und nach aussterben; sie haben noch lange Zeit wichtige Professuren inne, produzieren umfangreiche philosophische Systeme, aber vermögen mindestens seit der Jahrhundertmitte die Diskussion und die akademische Stellenpolitik nicht mehr zu bestimmen.

Das hat mehrere Ursachen. Neben außerphilosophischen Faktoren, die mit der Kulturpolitik der deutschen Fürsten vor und nach der gescheiterten Revolution von 1848 zusammenhängen (vgl. Köhnke 121 ff.) ist zunächst der Zerfall der hegelschen Schule in »links« und »rechts« zu nennen, wobei die »Junghegelianer« (Ludwig Feuerbach, Bruno Bauer, Arnold Ruge, Karl Marx u. a.) aus den Universitäten herausgedrängt wurden. Ein weiterer Grund (vgl. Schnädelbach 1983, 89 ff.) ist darin zu sehen, dass sich die schellingsche und hegelsche Naturphilosophie in den Augen der Naturwissenschaftler vollständig blamiert hatte; in jener Zeit schickten sich die Naturwissenschaften in Form der modernen Physiologie und Evolutionsbiologie an, eine kulturelle Führungsrolle zu übernehmen – neben den historischen Geisteswissenschaften, die ihrerseits mit den idealistischen Geschichtsspekulationen nichts anfangen konnten. Dem lag eine tiefgreifende Veränderung des Verständnisses von Wissenschaft zugrunde, die man als Übergang von der System- zur Forschungswissenschaft beschreiben kann; Forscher haben mit abschlusshaften Systemen nichts im Sinn, erst recht nicht mit »philosophischen«, denn sie wollen ja dem Erkenntnisfortschritt dienen.

Zum allmählichen Niedergang des »deutschen Idealismus« trug auch die breite Wirkung der Philosophie Arthur Schopenhauers bei, der zwar schon 1818 sein Hauptwerk, *Die Welt als Wille und Vorstellung*, veröffentlicht hatte, aber erst nach 1844 durch eine späte zweite Auflage samt der Ergänzung durch einen zweiten Band das allgemeine Publikum erreichte. Schopenhauer vertritt Kants transzendentalen Idealismus in vereinfachter Form, hatte jedoch für die Heroen des »deutschen Idealismus«, Fichte, Schelling und Hegel, schon 1818 nur Hohn, Spott und kräftige Injurien übrig. Mit Schopenhauer beginnt die Epoche der Metaphysik des Irrationalen, der zufolge das, was die Welt im Innersten zusammenhält, eben nicht eine göttliche Vernunft oder gar Hegels absolute Idee ist, sondern ein dunkler, zielloser Drang, den Schopenhauer »Wille« nennt. Nietzsche und die Lebensphilosophie, aber auch die Psychoanalyse Sigmund Freuds, werden diese Denktradition fortsetzen – bis in unsere Gegenwart: Noch heute gilt wie bei Schopenhauer eine Philosophie der Vernunft vielfach als platt und oberflächlich, während die Sympathie sich dem »Tiefen« zuwendet, und das ist das Emotionale, Prärationale, Unbewusste.

Kant-Bewegung und Neukantianismus

Die Konjunktur der Naturwissenschaften bedeutet damals für die bis dahin vom »deutschen Idealismus« dominierte Universitätsphilosophie, dass sie jetzt von allgemeiner Verachtung bedroht ist und in eine tiefgreifende Identitätskrise gerät; so sucht sie zum Teil bei den inzwischen etablierten so genannten Geisteswissenschaften Unterschlupf, um sich dort als Philosophiegeschichte und Textphilologie von »Klassikern«

neu zu formieren, denn da kann sie dann auch »forschen«. Der andere Ausweg heißt »Zurück zu Kant!« Die Tradition des Kantianismus war nie ganz abgerissen, aber was ihr neues Gewicht verschaffte, war die Erinnerung daran, dass Kant selbst ein sehr intensives Verhältnis zu den Naturwissenschaften unterhalten hatte, ohne sie so zu bevormunden, wie es in der Perspektive der Zeit der »deutsche Idealismus« versuchte. Auch die Rezeption Schopenhauers, der Kants Erkenntnislehre positiv vertrat, wenngleich er dessen Ethik ablehnte und eine eigenständige Metaphysik entwickelt hatte, trug dazu bei, dass man in Kants Werk zumindest den Typus einer mit den Anforderungen moderner Wissenschaftlichkeit zu vereinbarenden und damit zeitgemäßen Philosophie vor sich zu haben glaubte; der »Aufstieg« des Neukantianismus konnte beginnen.

Seine Geschichte kann hier nicht erneut erzählt werden (vgl. dazu Köhnke, Ollig, Pascher), aber dass sie wesentlich mit einer erneuten Kritik am Dogmatismus anhebt, ist zumindest anzudeuten. Hatte Kant die ungerechtfertigten Ansprüche der rationalistischen Metaphysik vor Augen, die eine gründliche Vernunftkritik forderten, so hatten die Vertreter der Kant-Bewegung um 1850, die man als Vorform des eigentlichen Neukantianismus ansehen kann, einen neuen Dogmatismus vor sich – nun den von sich philosophisch gerierenden Naturwissenschaftlern, die glaubten, durch popularisierende Darstellungen der neuesten Erkenntnis alle philosophischen Probleme endlich genuin wissenschaftlich lösen zu können. Diese so genannten »Vulgärmaterialisten«, wie Marx und Engels sie bezeichneten, wurden von nachdenklichen Naturwissenschaftlern wie Hermann Helmholtz als Scharlatane betrachtet, die nicht einmal die neuesten naturwissenschaftlichen Ergebnisse aufnehmen konnten. (Vgl. Köhnke 151 ff.) Die Führungsdisziplin war damals die Physiologie, und dort konnte man lernen, dass unsere Sinne gar nicht imstande sind, die Welt, wie sie unabhängig von uns sein mag, wiederzugeben; immer sind »spezifische Sinnesenergien« im Spiel, die bewirken, dass die Qualität unserer Sinneswahrnehmungen auch von der Funktion unserer Sinnesorgane mitbestimmt wird. Dies wurde als Widerlegung des naiven Abbildrealismus der Materialisten und als moderne Rechtfertigung der kantischen Unterscheidung von Ding an sich und Erscheinung aufgefasst; diese physiologische Wiederaufnahme des Kritizismus, die Friedrich Albert Lange seiner umfangreichen und vielgelesenen *Geschichte des Materialismus* (1866) zugrunde legt, kann als wichtigster Beitrag der Kant-Bewegung gelten.

Hier wird Kant vor allem als »Erkenntnistheoretiker« wiederentdeckt, wobei unter »Erkenntnistheorie« eine unentbehrliche kritische, logische und methodologische Ergänzung dessen verstanden wird, was in den modernen Wissenschaften geschieht. (Vgl. Köhnke 59 ff.) Dieses komplementäre Verhältnis von Wissenschaft und Philosophie bleibt, sofern sich letztere nicht bloß als historisch-philologische Disziplin zu rehabilitieren sucht, ein durchgängiges Merkmal des eigentlichen Neukantianismus; er versteht sich in seinen beiden Hauptrichtungen – der Marburger (Hermann Cohen, Paul Natorp u. a.) und der Südwestdeutschen Schule (Wilhelm Windelband, Heinrich Rickert, Emil Lask u. a.) – als moderne systematische Philosophie im »Geiste Kants«, aber ohne Verpflichtung gegenüber seinen Buchstaben, und auch nicht als auf »Erkenntnistheorie« eingeschränkt. Als Otto Liebmann 1866 in seiner Schrift *Kant und die Epigonen* den gesamten »deutschen Idealismus« verwirft, dabei auch Schopenhauer nicht verschont, und jedes Kapitel mit dem Satz schließt: »Also muß auf Kant zurückgegangen werden!«, ist ein Neuanfang auf Kantischer Grundlage, also keine bloß historische Aneignung gemeint.

Der Neukantianismus in seinen zahlreichen Varianten beherrschte die deutsche Universitätsphilosophie seit ca. 1870 bis in die zwanziger Jahre des letzten Jahrhunderts; dann fiel er selbst der Verachtung anheim. Sowohl die neuen Metaphysiker wie die Neomarxisten überboten sich gegenseitig in geringschätzigen Äußerungen über die angeblich verstaubte und sterile Professorenphilosophie des abgelaufenen wilhelminischen Zeitalters, der nun endlich etwas Gehaltvolles, Aktuelles und Relevantes entgegengesetzt werden sollte. In veränderter Gestalt lebte aber der Neukantianismus in der analytischen Philosophie fort – im Gestus der Bescheidenheit gegenüber den erfolgreichen Wissenschaften und in der Überzeugung, dass der Beitrag der Philosophie zur modernen wissenschaftlichen Kultur nicht in einer angemaßten Führungsrolle, sondern nur in kritischer Begleitung im Geiste der Aufklärung bestehen kann: also im Geiste Kants. (Vgl. Schnädelbach 2000, 43 ff.)

Was uns von Kant trennt

Wie die Neukantianer des 19. Jahrhunderts können auch wir nicht einfach zu Kant zurückkehren; die Beschäftigung mit seinen Texten allein verschafft uns nicht die Philosophie, die *uns* angeht und die wir brauchen. Kant selbst hat diejenigen kritisiert, denen die Philosophiegeschichte als Philosophie genügt (vgl. Prol A 3); zu ihnen wollen wir nicht gehören. So müssen wir uns auch des Abstands vergewissern, der uns von der historischen Gestalt seines Werks trennt.

Vor allem die *Prolegomena* zeigen, dass Kants Erkenntnislehre sehr stark von dem damaligen Stand der Wissenschaftsgeschichte abhängig ist. Während er glaubte, dass synthetische Urteile a priori in Mathematik und mathematischer Naturwissenschaft wirklich existierten, und dann fragte, wie sie möglich seien, so wird dies nach der logizistischen Wende der Philosophie der Mathematik seit Gottlob Frege und der einsteinschen Relativitätstheorie nur noch von kleinen Minderheiten verteidigt; allgemein gilt jetzt die Mathematik als analytisch und die Raum-Zeit-Theorie als Bestandteil der empirisch überprüfbaren theoretischen Physik. Dementsprechend gibt es wohl auch keine »Metaphysik der Natur«, wie Kant sie in Grundzügen entwarf.

Was das Verhältnis von Sinnlichkeit und Verstand betrifft, so ist Kant durchweg geprägt von der atomistischen Sinnesdatenpsychologie des 17. und 18. Jahrhunderts, der zufolge unsere Sinnesorgane uns unsere Wahrnehmungen als ungeordnetes Material anliefern, um dann vom Denken durch »Synthesis« zu Erfahrungsgegenständen geformt zu werden; der Erkenntnisprozess nimmt sich dadurch aus wie ein Handwerks- oder Manufakturbetrieb: »Erfahrung ist ohne Zweifel das erste Produkt, welches unser Verstand hervorbringt, indem er den rohen Stoff sinnlicher Empfindungen bearbeitet.« (A 1) Dass Erkenntnis so nicht zustande kommt, wissen wir vor allem durch die empirischen Untersuchungen der Gestaltpsychologie und dann durch zahlreiche modernere Wahrnehmungsexperimente, die zeigen, dass wir Einzelnes immer schon im Kontext gegliederter Wahrnehmungsfelder erfassen, so dass das, was den Wahrnehmungsatomisten zufolge das Erste und Ursprüngliche sein soll, Resultat nachträglicher Sonderung und Abstraktion ist.

Mit diesem Verständnis des Denkens als eines Ordnens von Ungeordnetem durch »Synthesis« ist unmittelbar die Theorie verbunden, dass Urteile, ihrer logischen Form nach, selbst nichts anderes seien als eine Synthesis, d. h. eine Verknüpfung von Subjekt und Prädikat – bzw. der durch den Subjekt- und den Prädikatsausdruck repräsentierten Einzelvorstellungen – durch die Kopula ›ist‹. Diese Synthesistheorie des Urteils geht bis auf Platons *Sophistes* zurück, und sie blieb bestimmend bis weit in unsere Zeit, obwohl Gottlob Frege schon in *Funktion und Begriff* (1891) ein Gegenmodell vorschlug, von dem man sagen kann, dass es die große Mehrheit der Fachleute bis heute überzeugt. (Vgl. Frege 16 ff.) Indem diese Urteilstheorie die rätselhafte Kopula zum Prädikat zählt, stehen hier das Subjekt ›Die Rose‹ und das Prädikat ›. . . ist rot‹ nicht mehr im Verhältnis zweier Vorstellungsatome zueinander; das ›. . . ist rot‹ ist vielmehr ein Satzfragment, das durch die Vervollständigung

durch einen singulären Ausdruck wie ›Die Rose‹ zu einem vollständigen und damit sinnvollen Satz wird. Laut Frege verhalten sich Prädikat und Subjekt wie ein »ungesättigter« – und zu
erfüllender – Ausdruck zueinander, oder in mathematischer
Sprache: wie Funktion und Argument. (Vgl. Frege 27) Die traditionelle Synthesistheorie des Urteils, die Kant noch explizit
vertritt, bildet somit auch den Hintergrund seiner Synthesistheorie der Erkenntnis: »Dieselbe Funktion, welche den verschiedenen Vorstellungen *in einem Urteile* Einheit gibt, die
gibt auch der bloßen Synthesis verschiedener Vorstellungen
in einer Anschauung Einheit, welche, allgemein ausgedrückt,
der reine Verstandesbegriff heißt.« (B 104 f.) So liegt es nahe,
die »verschiedenen Vorstellungen« als ungeordnetes Material
aufzufassen, das »gegeben« ist, aber erst noch durch das Denken in Form gebracht werden muss, damit wir erkennbare
Gegenstände vor uns haben.

Was die Philosophie im Geiste Kants nachhaltig verändern
musste, war die Ausbildung des *historischen Bewusstseins*.
(Vgl. Schnädelbach 1983, 51 ff.) Damit ist nicht bloß das Bewusstsein vom Historischen gemeint, sondern die Einsicht,
dass menschliches Bewusstsein selbst historisch ist, d. h. eine
Geschichte hat und sich darin verändert. Kant hingegen wie
die gesamte Tradition des Nachdenkens über das Bewusstsein
sprach noch vom »Bewusstsein überhaupt« (Prol A 82) und
drückte damit die Überzeugung aus, dass die Grundstruk-
turen und Fähigkeiten der Menschen in diesem Bereich allen
gemeinsam und faktisch unveränderlich sind. Dieser Glaube
an die »allgemeine Menschenvernunft« wurde im 19. Jahrhundert gründlich erschüttert. Dazu trug neben immer genaueren
Untersuchungen in der wissenschaftlichen Geschichtsschrei-
bung auch die entstehende Ethnologie wesentlich bei, die gezeigt hat, wie fremd uns als vertraut erscheinende andere
Epochen und Kulturen tatsächlich sind. Seitdem gilt es als un-
gebildet, mit irgendetwas in der Menschenwelt zu rechnen,
was *nicht* historisch sei. Damit stellt sich freilich das Problem
des Relativismus, denn wenn unser Bewusstsein – also das der

Erkennenden – ebenso der Geschichte angehört wie das, was wir von ihr erkennen wollen, schwimmen wir mit im allgemeinen Strom des Geschichtlichen, und es gibt dann kein überhistorisches Apriori mehr und damit keine alles übergreifende Perspektive, in der sich feststellen ließe, wie es denn eigentlich war und ist. So sah sich Wilhelm Dilthey (1833–1911) veranlasst, mit seiner *Einleitung in die Geisteswissenschaften* (vgl. Dilthey) das kantische Projekt der Vernunftkritik zu wiederholen: nun als *Kritik der historischen Vernunft* – so der Untertitel des 1883 erschienenen Werks.

Den wohl wichtigsten Einschnitt in der Wirkungsgeschichte bildet der Übergang von der »reinen« Vernunft zur Sprache, den schon Johann Georg Hamann (1730–1788) in seiner Kant-Kritik *Metakritik über den Purismum der reinen Vernunft* (1784) anmahnte; seine Argumente wurden von Johann Gottfried Herder (1744–1803) und später von Wilhelm von Humboldt (1767–1835) aufgenommen und weitergeführt. Kant blieb noch wie die gesamte Philosophie der Neuzeit vor ihm dem aristotelischen Modell verpflichtet, dem zufolge die Wörter konventionelle Zeichen der bei allen Menschen gleichen Sinneseindrücke (*pathémata*) sind (Aristoteles, De int 16 a); die Sprache ist demnach nur ein von Menschen gemachtes Mittel, um sich über das zu verständigen, was in jedem Bewusstsein vorgeht, und das ist angeblich unter den gleichen Umständen auch ganz gleich. Der Leitbegriff ist dabei der der *Vorstellung* – die deutsche Übersetzung von lat. *idea*, engl. *idea*, franz. *idée*. In diesem Sinn behandelt nicht erst Kant, sondern die gesamte Bewusstseinsphilosophie der Neuzeit auch das Logische als etwas, was im Vorfeld der Sprache verbleibt; nicht nur Empfindungen, Wahrnehmungen und Anschauungen, sondern auch Begriffe, Urteile und Schlüsse sind »Vorstellungen« bzw. Vorstellungsverknüpfungen. (Vgl. B 377) Hamann und seine Nachfolger bestehen darauf, dass die Sprache für die Vernunft unhintergehbar ist, denn die Sprache ist »das bildende Organ des Gedankens« (Humboldt 191); so wurden sie entfernte Vorläufer des so genannten *linguistic turn*, d. h. der sprachanalytischen Wende der Philosophie durch Ludwig Wittgenstein (1889–1951). (Vgl. dazu Schnädelbach 1991 I, 68 ff.)

Die Einsicht, dass eine philosophische Erklärung des Denkens nur durch eine philosophische Analyse der Sprache erreicht werden kann (vgl. Dummett 11), hatte es trotz der Wirkung Humboldts im deutschen Sprachraum besonders schwer; bis weit ins 20. Jahrhundert hielt man vor allem unter Neukantianern hartnäckig an der Vorstellung eines »reinen«, sprachfreien Denkens fest, weil man einen Einbruch von Relativität und Zufälligkeit fürchtete, wenn man das Denken an die Kontingenz der natürlichen Sprachen ausliefert. Tatsächlich droht sich das mit dem historischen Bewusstsein verbundene Relativismusproblem bei der Bindung des Denkens an die Sprache zu wiederholen, denn es gibt viele Sprachen, und sie sind sämtlich etwas geschichtlich Gewordenes. So ist es das besondere Verdienst von Ernst Cassirer (1874–1945), dass er, obwohl er aus dem strengen Marburger Neukantianismus stammte, gleichwohl zeigte, dass die Basisform des menschlichen Denkens und Erkennens die symbolische Transformation sinnlicher Gebilde zu Sinnträgern ist, hinter die wir analysierend nicht zurückgehen können (vgl. Cassirer I, 3 ff.); er brachte damit das auf den Weg, was man den *symbolic turn* der Philosophie genannt hat (vgl. auch Langer, Goodman). Zuvor hatte schon Charles S. Peirce nachgewiesen, dass es uns unmöglich ist, ohne Zeichen zu denken (vgl. Peirce I, 175 f.), d. h., dass das Denken selbst ein semiotischer Prozess ist, von dem das natürlichsprachliche Sprechen nur ein Beispiel ist; aber dies blieb bei uns bis in die siebziger Jahre des 20. Jahrhunderts ohne Resonanz. Wollen wir somit bei Kant bleiben, ist eine »Transformation der Transzendentalphilosophie« (vgl. Apel) erforderlich, die die semiotischen und linguistischen Bedingungen unseres Weltumgangs aufklärt und so in die kritische Philosophie integriert, dass sie der herkömmlichen Erkenntniskritik eine im weitesten Sinne grammatische Sinnkritik voranstellt.

Viele weitere Punkte wären zu nennen, die unseren Abstand zum historischen Kant markieren – so z. B. seine Lehre vom Bewusstsein des unbedingten Sollens als ein »Faktum« der reinen praktischen Vernunft (vgl. KpV A 56 ff.), auf die wir heute bei der Grundlegung einer Moral- und Rechtsphilosophie verzichten müssen. – Das Problem der Naturteleologie scheint sich durch die Logik der funktionalen Erklärungen und die Systemtheorie für die Biologen weitgehend erledigt zu haben, aber auch da gibt es Gegenstimmen. – Dass die Philosophie systematisch vorzugehen habe, ohne sich deswegen zum System ausbilden zu müssen, ist heute allgemein akzeptiert, doch für Kant fehlte damit eine notwendige Bedingung ihrer Wissenschaftlichkeit. – Nicht nur die Unterscheidung zwischen analytischen und synthetischen Urteilen, die eine Grundlage seiner Vernunftkritik bildet, ist seit Quine (1908–2000) grundsätzlich infrage gestellt, sondern auch die zwischen dem, was a priori, und dem, was a posteriori ist (vgl. Quine): Vor allem diese Differenz sei relativ und stets abhängig vom jeweiligen Kontext – so eine Grundthese des modernen Pragmatismus, die heute als die führende Richtung nicht nur in der theoretischen Philosophie gelten kann. Sie markiert auch den Hintergrund für die sehr wirksame Kritik Richard Rortys an Kant und den Kantianern (vgl. Rorty, II). Warum sollten wir gleichwohl bei Kant bleiben und seinem Vorbild folgen?

Weil wir uns in einer ähnlichen Situation befinden wie er, als er sich auf den kritischen Weg machte, und wie die Neukantianer des 19. Jahrhunderts – zwischen der Scylla eines neuen Dogmatismus und der Charybdis eines neuen Skeptizismus. Die dogmatische Metaphysik unserer Tage ist der *Naturalismus* (vgl. Keil; auch Keil/Schnädelbach), wieder hat er »fröhliche Urständ« gefeiert – nicht mehr in mechanisch-materialistischer, physiologischer oder evolutionsbiologischer Form, sondern als »Neurophilosophie« von Gehirnphysiologen (vgl. Roth/Singer). Wenn wir ihnen folgen, brauchen wir keine Erkenntnistheorie mehr, weil die Gehirnstrommessungen alles erklären, und von einer Ethik der Verantwortung können wir getrost Abschied nehmen, weil die Willensfreiheit eine vom Gehirn selbst erzeugte Illusion sei: Wieder einmal sollen wir unser »Menschenbild« ändern. Der moderne Skeptizismus hingegen hat mit dem des David Hume nichts mehr zu tun, denn er besteht in einem pseudoliberalen *Relativismus*, der die subjektive Beliebigkeit, die man jüngst »postmodern« nannte, mit der Freiheit verwechselt und uns Kantianer für abgestanden, verstaubt und versteckt autoritär hält. Wir machen uns auf den »kritischen Weg«, der auch hier »allein noch offen« ist, zunächst durch ganz bescheidene Rückfragen: Wenn die »Neurophilosophen« Recht haben, wie können sie uns dann erklären, wie ihr eigenes wissenschaftliches Geschäft funktioniert? Die Neurophysiologie ist doch nicht ein Projekt von Gehirnen und feuernden Neuronen, sondern von Personen, die beleidigt sind, wenn man sie als bloße Gehirne anspricht und behandelt. Die fröhlichen Relativisten möchte man fragen, wie ihre Vorstellung von Freiheit zusammenpassen soll mit den Prinzipien eines demokratischen Rechts- und Verfassungsstaates, die sie im Alltag mit der größten Selbstverständlichkeit in Anspruch nehmen, weil auch sie wissen, dass die Alternative dazu die nackte Fratze der Macht ist.

Das waren nur Beispiele für moderne Formen unkritischen Denkens, die in der Regel von skeptischen Gegenpositionen wie von ihren Schatten begleitet werden. Der »kritische Weg« Kants als Ausweg aus solchen Zwickmühlen führt uns auch heute noch nach seinem methodischen Vorbild in den Bereich der Explikation und Rekonstruktion dessen, was wir im Denken, Erkennen und Handeln an Grundsätzlichem in Anspruch nehmen, und dies in kritischer und berichtigender Absicht; damit bleiben wir dem Projekt treu, das einmal Aufklärung genannt wurde und dessen Zukunft heute ungewiss ist.

Anmerkungen

1 Ein prominentes Beispiel dafür ist der Titel von Newtons Hauptwerk: *Philosophiae naturalis principia mathematica* (1687).

2 Zur Ablösung des Modells der Systemwissenschaft durch das der
Forschungswissenschaft nach 1800 vgl. Schnädelbach 1983, 94 ff.

3 Wie weit man die Polemik gegen Kant treiben kann, demonstriert
Nietzsche im *Antichrist*; § 11 endet so: »Der fehlgreifende Instinkt
in allem und jedem, die *Widernatur* als Instinkt, die deutsche *dé-
cadence* als Philosophie – *das ist Kant*!«

4 Vgl. Strawson 38–42 und 156, der Kants Lehre von den Dingen an
sich auf das empiristische »principle of significance« zurückführt,
dem Kant verhaftet bleibt. Man kann in der Tat zeigen, dass diese
Bedeutungstheorie unhaltbar ist.

5 Solche Formulierungen sind dann Anlass für Hegels bereits zitierte Behauptung: »unter dem *Ding* [an sich] wird auch der Geist,
Gott befaßt«. (Hegel VIII, 120)

6 Diese negative Funktion des Noumenalen wird von Strawson ausdrücklich anerkannt: vgl. a. a. O., 42.

7 Kant zitiert hier offenbar Albrecht von Hallers Gedicht *Die
Falschheit menschlicher Tugenden* von 1732: »Ins Innre der Natur
dringt kein erschaffner Geist, / Zu glücklich, wann sie noch die
äußre Schale weist«; das zitiert auch Goethe und setzt dagegen:
»Natur hat weder Kern / Noch Schale, / Alles ist sie mit einem
Male«. (Allerdings. Dem Physiker, Goethe I, 359)

8 Dieser immer wieder vorgebrachte Einwand stammt ursprünglich
von Gottlob Ernst Schulze (Aenesidemus), in: *Aenesidemus*
(1792), das Buch erschien zunächst anonym; der Autor wurde,
nachdem er bekannt geworden war, allgemein nach diesem Buch-
titel zitiert.

9 In Prol A 70 f. nimmt Kant sogar den Ausdruck »transzendentaler
Idealismus«, der zu Missverständnissen führte, ausdrücklich zurück und ersetzt ihn durch »kritischer Idealismus«; damit soll die
Lehre von der Idealität von Raum und Zeit erhalten bleiben, ohne
dass dies dem »empirischen« Idealismus des Descartes und dem

»mystischen und schwärmerischen des Berkeley« (A 70) Vorschub leistet. Vgl. auch Kants Bemerkungen zum »formalen Idealismus«.

10 Dies der genaue Sinn von »Konstitution«; vgl. Hogrebe.

11 Das Bild des Leitfadens stammt aus dem Mythos der Ariadne, die mit seiner Hilfe den Rückweg aus dem Labyrinth des Minotaurus findet.

12 Kant folgt dabei der traditionellen Einteilung der Logik in Analytik und Dialektik seit Aristoteles.

13 Ein Rabbiner wurde gefragt: »Was tat Gott vor der Erschaffung der Welt?« Die Antwort: »Er schuf die Hölle für Leute, die solche Fragen stellen.«

14 Dies sollte als Einwand genügen gegen alle psychologischen, sozialwissenschaftlichen oder evolutionstheoretischen Kant-Deutungen und »-Entzifferungen«.

15 Insofern gab es hier auch keinen »naturalistischen Fehlschluss« vom Sein aufs Sollen.

16 Die Einsicht, dass man nicht Philosophie studiert haben muss, um zu wissen, was das Gute und Richtige ist, hat Kant stets dankbar Rousseau zugeschrieben: »Rousseau hat mich zurecht gebracht.« (Zit. n. Kühn 160)

17 In diesem Sinne ersetzt Kant die traditionelle Definition des Menschen als »*animal rationale*« durch »*animal rationabile*«; das »*animal rationale*« ist ein durch den Kategorischen Imperativ aufgegebenes Ziel des »*animal rationabile*«. (Vgl. APH A 315)

18 Dies zur Kritik an Max Schelers und Nicolai Hartmanns Kritik am «Formalismus« der kantischen Ethik; vgl. Kaulbach 234 f.

19 Vor allem von Ebbinghaus. – Singer nennt Hegels Formalismuseinwand mit Recht »fast unglaublich einfältig«: vgl. Singer 291.

20 Den Satz von Hobbes – »Exeundum ex statu naturali« (Aus dem Naturzustand ist herauszugehen) – hat auch Hegel zustimmend zitiert: vgl. Hegel 10, 311 f.

21 Schiller dichtete: »Mit der Dummheit kämpfen Götter selbst vergebens ...« (Die Jungfrau von Orleans III.6)

22 In unserer Zeit ist hier an Jean-François Lyotard mit seinem Werk *Der Widerstreit* (*Le différend*) von 1983 (dt.1987) zu erinnern; vgl. auch Pries.

23 Die Formulierung »Die nicht mehr schönen Künste« stammt von H. R. Jauß; Vgl. Jauß.

24 Genau dies vertritt Volker Gerhardt in: Gerhardt, 121 f. Die Tatsache, dass alle diese Fragen von philosophierenden Menschen
gestellt werden, führt ihn zu der Behauptung, »nach Kant« führe
»die Suche nach Wesen, Wert und Zweck des eigenen Daseins«
auf jene Teilfragen. Eine solche quasi existenzialistische Kant-
Deutung ignoriert die Tatsache, dass es »nach Kant« die Frage
nach der Metaphysik als Wissenschaft ist, und nicht die nach
»Wesen, Wert und Zweck« des Daseins von Immanuel Kant, die
die kritische Philosophie auf den Weg bringt. Der erste Satz der
Kritik der reinen Vernunft ist ein Zitat von Bacon: »*De nobis ipsis
silemus* [Was uns selbst angeht, so schweigen wir.]« (B II)

25 Volker Gerhardt beobachtet richtig, dass auf die drei Ich-Fragen
nicht folgt »Wer bin ich?«, sondern »Was ist der Mensch?« (296)
und dass damit die philosophische Selbstdeutung des Menschen
bei Kant von vornherein in die Perspektive des Wir-Sagens im
Kontext der Gattung »Menschheit« gerückt wird. Von einem »per-
sonalen Kern des philosophischen Wissens« kann aber erst bei
Kierkegaard die Rede sein.

26 Kant hat sich freilich selbst einmal an kosmologischen Spekulationen beteiligt, aber nur im Bereich von Wahrscheinlichkeiten,
im Abschnitt III der ANT: »Von den Bewohnern der Gestirne«.

27 Zum Abstieg vom »Ich« zum »ich« vgl. Tugendhat 68 ff.

28 Von G. S. A. Mellin, 1797–1804.

29 Dieser Ausdruck, der erst nach 1848 aufkommt, sollte immer in
Anführungszeichen gesetzt werden wegen seiner wissenschafts-
und ideologiepolitischen Aspekte; vgl. dazu Jaeschke.

30 Dieser vielgebrauchte Topos stammt wohl von Friedrich Albert
Lange; er spricht vom »Bruch des deutschen Idealismus, den wir
vom Jahre 1830 datieren« in: Die Geschichte des Materialismus
(1875), Bd. 2, Neuausgabe, hg. und eingel. von A. Schmidt, Frankfurt a. M. 1974, S. 529. Dieser Zusammenbruch, vor allem bezogen
auf Hegels System, war immer Bestandteil dessen, was man den
Gründungsmythos des Neukantianismus nennen kann: Vgl.
Köhnke, 59.

Literatur

Siglen (für Kants Schriften)

A und B bezeichnen jeweils die erste bzw. zweite Auflage der Schriften Kants. Die entsprechenden Seitenangaben sind in allen Kant-Ausgaben zu finden, z. B. Log A 25 = Logik, 1. Aufl., S. 25.

A oder B ohne zusätzliche Sigle bedeutet in der vorliegenden Kant-Einführung stets *Kritik der reinen Vernunft*, erste bzw. zweite Auflage.

ANT – Allgemeine Naturgeschichte und Theorie des Himmels
APH – Anthropologie in pragmatischer Hinsicht
Aufkl – Beantwortung der Frage: was ist Aufklärung?
Denk – Was heißt: sich im Denken orientieren?
EFP – Verkündigung des nahen Abschlusses eines Traktats zum ewigen Frieden in der Philosophie
GMS – Grundlegung zur Metaphysik der Sitten
IAG – Idee zur einer allgemeinen Geschichte in weltbürgerlicher Absicht
KpV – Kritik der praktischen Vernunft
KU – Kritik der Urteilskraft
Log – Logik (hg. von Jäsche)
MAN – Metaphysische Anfangsgründe der Naturwissenschaft
MS – Metaphysik der Sitten
Mund – De mundi sensibilis atque intelligibilis forma et principiis
Prol – Prolegomena zu einer jeden künftigen Metaphysik, die als Wissenschaft wird auftreten können
Rel – Die Religion innerhalb der Grenzen der bloßen Vernunft
RM – Über ein vermeintes Recht, aus Menschenliebe zu lügen
Verk – Verkündigung des nahen Abschlusses eines Traktats zum ewigen Frieden in der Philosophie
TG – Träume eines Geistersehers, erläutert durch Träume der Metaphysik
ThP – Über den Gemeinspruch: Das mag in der Theorie richtig sein, taugt aber nicht für die Praxis
ZeF – Zum ewigen Frieden

Zitierte Literatur

Adorno – Theodor W. Adorno, *Ästhetische Theorie*, in: ders., Gesammelte Schriften, Bd. 7, Frankfurt a. M. 1997.

Apel – Karl-Otto Apel, *Transformation der Transzendentalphilosophie*, 2 Bde., Frankfurt a. M. 1973.

Aristoteles, De int – Aristoteles, *De interpretatione* (Lehre vom Satz).

Aristoteles, Met – Aristoteles, *Metaphysik*.

Böhme/Böhme – Gernot Böhme/Hartmut Böhme, *Das Andere der Vernunft. Zur Entwicklung von Rationalitätsstrukturen am Beispiel Kants*, Frankfurt a. M. 1983.

Cassirer – Ernst Cassirer, *Philosophie der symbolischen Formen*, 3 Bde., 2. Aufl., Darmstadt 1953.

Delekat – Friedrich Delekat, *Immanuel Kant. Historisch-kritische Interpretation der Hauptschriften*, 3. Aufl., Heidelberg 1969.

Descartes, Abh – René Descartes, *Abhandlung über die Methode*, übers. von A. Buchenau, Hamburg 1922.

Descartes, Med – René Descartes, *Meditationen*, übers. von A. Buchenau, Hamburg 1915.

Descartes, Prinz – René Descartes, *Die Prinzipien der Philosophie*, übers. von A. Buchenau, Leipzig 1908.

Dietz – Simone Dietz, *Der Wert der Lüge*, Paderborn 2002.

Dietzsch – Steffen Dietzsch, *Immanuel Kant. Eine Biographie*, Leipzig 2003.

Dilthey – Wilhelm Dilthey, *Einleitung in die Geisteswissenschaften. Kritik der historischen Vernunft*, in: ders., Gesammelte Schriften, Stuttgart/Göttingen 1920 ff.

Dummett – Michael Dummett, *Ursprünge der analytischen Philosophie*, übers. von J. Schulte, Frankfurt a. M. 1988.

Ebbinghaus – Julius Ebbinghaus, *Deutung und Mißdeutung des Kategorischen Imperativs* (1948), in: ders., *Gesammelte Aufsätze, Vorträge und Reden*, Darmstadt 1968, S. 80 ff., vgl. auch S. 140 ff.

Engels – Friedrich Engels, *Ludwig Feuerbach und der Ausgang der klassischen deutschen Philosophie*, Sonderausg., Berlin 1960.

Fichte – Johann Gottlieb Fichte, *Erste Einleitung in die Wissenschaftslehre*, Hamburg 1954.

Franke – Ursula Franke, *Ein Komplement der Vernunft. Zur Bestimmung des Gefühls im 18. Jahrhundert*, in: Ingrid Craemer-Ruegenberg (Hg.), *Pathos, Affekt, Gefühl*, Freiburg/München 1981, S. 131 ff.

Frege – Gottlob Frege, *Funktion und Begriff*, in: ders., *Funktion, Begriff, Bedeutung. Fünf logische Studien*, hg. und eingel. von G. Patzig, Göttingen 1962.

Geier – Manfred Geier, *Kants Welt. Eine Biographie*, Reinbek 2003.

Gerhardt – Volker Gerhardt, *Vernunft und Leben*, Stuttgart 2002.

Goethe – Johann Wolfgang Goethe, *Werke*, Bd. 1, Hamburg 1948 ff.

Goodman – Nelson Goodman, *Weisen der Welterzeugung*, übers. von M. Looser, Frankfurt a. M. 1993.

Habermas – Jürgen Habermas, *Theorie des kommunikativen Handelns*, 2 Bde., Frankfurt a. M. 1981.

Hegel – Georg Wilhelm Friedrich Hegel, *Werke in 20 Bänden*, Theorie Werkausgabe, Frankfurt a. M. 1970.

Heine – Heinrich Heine, *Geschichte der Religion und Philosophie in Deutschland*, in: ders., *Sämtliche Werke*, Bd. 9, München 1964.

Hemminger – Andrea Hemminger, *Kritik und Geschichte. Foucault – ein Erbe Kants?*, Berlin/Wien 2004.

Henrich – Dieter Henrich, *Der Begriff der sittlichen Einsicht und Kants Lehre vom Faktum der Vernunft*, in: Gerold Prauss (Hg.), *Kant. Zu seiner Theorie vom Erkennen und Handeln*, Köln 1973, S. 223 ff.

Hobbes – Thomas Hobbes, *Leviathan* (zit. mit Teil, Kapitel, Seitenzahl).

Höffe – Otfried Höffe, *Immanuel Kant*, München 1983.

Hogrebe – Wolfram Hogrebe, *Art. »Konstitution«*, in: *Historisches Wörterbuch der Philosophie* [HWB], Basel 1971 ff. Bd. 4, Sp. 992 ff.

Holzhey – Helmut Holzhey, *Kants Erfahrungsbegriff*, Basel/Stuttgart 1970.

Humboldt – Wilhelm von Humboldt, *Werke*, Bd. 3: *Schriften zur Sprachphilosophie*, Darmstadt 1963.

Ilting – Karl-Heinz Ilting, *Hobbes und die praktische Philosophie der Neuzeit*, in: Philosophische Rundschau, Nr. 72, 1964, S. 84 ff.

Irrlitz – Gerd Irrlitz, *Kant-Handbuch. Leben und Werk*, Stuttgart/Weimar 2002.

Jaeschke – Walter Jaeschke, *Zur Genealogie des deutschen Idealismus*, in: Andreas Arndt/Walter Jaeschke (Hg.), *Materialität und Spiritualität. Philosophie und Wissenschaft nach 1848*, S. 219–234.

Jauß – Hans Robert Jauß (Hg.), *Die nicht mehr schönen Künste*, 2. Aufl., München 1968.

Kaulbach – Friedrich Kaulbach, *Immanuel Kant*, Berlin 1969.

Keil – Geert Keil, *Kritik des Naturalismus*, Berlin/New York 1993.

Keil/Schnädelbach – Geert Keil/Herbert Schnädelbach, *Naturalismus. Philosophische Beiträge*, Frankfurt a. M. 2000.

Kersting – Wolfgang Kersting, *Art. »Pflicht«* in: HWB, Bd. 7, Sp. 405 ff.

Köhnke – Klaus-Christian Köhnke, *Entstehung und Aufstieg des Neukantianismus*, Frankfurt a. M. 1986.

Kühn – Manfred Kühn, *Kant. Eine Biographie*, München 2003.

Langer – Susanne K. Langer, *Philosophie auf neuem Wege*, übers. von A. Löwith, Frankfurt a. M. 1984.

Leibniz – Gottfried Wilhelm Leibniz, *Monadologie*.

Locke – John Locke, *Versuch über den menschlichen Verstand* [dt. Ausg. des *Essay on Human Understanding* (1689)], 2 Bde., Berlin 1962 (jeweils zitiert nach Buch, Kapitel, Paragraph).

Marquard – Odo Marquard, *Art. »Anthropologie«*, in: HWB, Bd. 1, Sp. 362 ff.

Mittelstraß – Jürgen Mittelstraß, *Aufklärung und Neuzeit*, Berlin/New York 1970.

Nietzsche – Friedrich Nietzsche, *Werke in drei Bänden*, hg. von K. Schlechta, 2. Aufl., München 1960.

Ollig – Hans-Ludwig Ollig (Hg.), *Neukantianismus. Texte*, Stuttgart 1982.

Pascher – Manfred Pascher, *Einführung in den Neukantianismus*, München 1997.

Peirce – Charles S. Peirce, *Schriften*, übers. von G. Wartenberg, hg. und eingel. von Karl-Otto Apel, 2 Bde., Frankfurt a. M. 1967/1970.

Platon – Platon, *Sämtliche Werke*, dt./griech., übers. von F. Schleiermacher, 4 Bde., hg. von U. Wolf, Reinbek 1994.

Pries – Christine Pries (Hg.), *Das Erhabene. Zwischen Grenzerfahrung und Größenwahn*, Weinheim 1989.

Quine – W. V. O. Quine, *Two Dogmas of Empiricism*, in: ders., *From a Logical Point of View*, Cambridge/Mass. 1953.

Rickert – Heinrich Rickert, *Kant als Philosoph der modernen Kultur*, Tübingen 1924.

Rorty – Richard Rorty, *Der Spiegel der Natur. Eine Kritik der Philosophie*, übers. von M. Gebauer, Frankfurt a. M. 1981.

Roth/Singer – Vgl. die Beiträge von Gerhard Roth und Wolf Singer in: Deutsche Zeitschrift für Philosophie, Nr. 52, 2004, S. 221 ff.

Schnädelbach 1983 – Herbert Schnädelbach, *Philosophie in Deutschland 1831–1933*, Frankfurt a. M. 1983.

Schnädelbach 1991 – Herbert Schnädelbach, *Art. »Philosophie«*, in: Ekkehard Martens/Herbert Schnädelbach (Hg.), *Philosophie. Ein*

Grundkurs, 2. Aufl., 2 Bde., Reinbek 1991, S. 37 ff.; Neuausg. in 2 Bdn., 7. Aufl. 2003.

Schnädelbach 2000 – Herbert Schnädelbach, *Unser neuer Neukantianismus*, in: ders., *Philosophie in der modernen Kultur. Vorträge und Abhandlungen 3*, Frankfurt a. M., S. 43 ff.

Schnädelbach 2004 – Herbert Schnädelbach, *Grenzen der Vernunft? Über einen Topos Kritischer Philosophie*, in: ders., *Analytische und postanalytische Philosophie. Vorträge und Abhandlungen 4*, Frankfurt a. M. 2004, S. 90 ff.

Schopenhauer – Arthur Schopenhauer, *Die Welt als Wille und Vorstellung I*, in: ders., Werke in 10 Bänden, Zürich 1977.

Singer – Marcus George Singer, *Verallgemeinerung in der Ethik. Zur Logik moralischen Argumentierens*, übers. von C. Langer und B. Wimmer, Frankfurt a. M. 1975.

Strawson – Sir Peter F. Strawson, *The Bounds of Sense. An Essay in Kant's Critique of Pure Reason*, London 1966.

Tugendhat – Ernst Tugendhat, *Selbstbewußtsein und Selbstbestimmung*, Frankfurt a. M. 1979.

Weber – Max Weber, *Wissenschaft als Beruf*, in: ders., *Schriften 1894–1922*, ausgew. von D. Kaesler, Stuttgart 2002.

Kommentierte Bibliographie

Die Angaben beschränken sich auf 2004 im Buchhandel erhältliche Titel.

a) Textausgaben (sämtlich mit der Angabe der originalen Seitenzahlen)

Gesammelte Schriften (Taschenbuchversion der Akademie-Ausgabe der veröffentlichten Werke Kants), Berlin/New York 1968 ff.
Die maßgebliche Textausgabe; für die Forschung unentbehrlich; auch in Einzelbänden.

Werke (Taschenbuchversion in 12 Bänden der von W. Weischedel herausgegebenen Ausgabe von 1956-1964) Frankfurt a. M. 1977/1996.
Alle Bände sind einzeln erhältlich.

Sämtliche Hauptwerke und *Kleine Schriften* in der *Philosophischen Bibliothek* des Felix Meiner Verlags Hamburg.
Zuverlässige Textausgaben mit Einleitungen und Anmerkungen vor dem Hintergrund des jeweils neuesten Forschungsstandes.

Die *Hauptwerke* und die *Kleinen Schriften* in der *Universal-Bibliothek* des Reclam Verlags Stuttgart.
Preiswerte, vor allem für die Lehre geeignete Textausgaben.

b) Hilfsmittel

Rudolf Eisler, *Kant-Lexikon. Nachschlagewerk zu Kants sämtlichen Schriften, Briefen und handschriftlichem Nachlaß* (1930), reprographischer Nachdruck, Hildesheim 1964, 5. Aufl. 2002.
Unentbehrlich zum Auffinden von Beleg- und Parallelstellen, obwohl Eisler nicht die Originalpaginierung zugrunde legt.

C. C. E. Schmid, *Wörterbuch zum leichtern Gebrauch der Kantischen Schriften* (1788), Neudruck mit Einl. und Register, hg. von N. Hinske, Darmstadt 1977, 4. Aufl. 1990 mit Nachwort.
Wichtig für die Klärung der Terminologie Kants; zitiert nach den Seitenzahlen der Originalausgaben.

Gerd Irrlitz, *Kant-Handbuch. Leben und Werk*, Stuttgart/Weimar 2002.
Ein umfangreiches Nachschlagewerk, in dem sich sämtliche Schriften Kants eingehend dargestellt und interpretiert finden. Der Abschnitt »Leben – Zeit - Weg« stellt Kants Biographie und sein philosophisches Profil in den Zusammenhang der Epoche. Die »Einleitung« skizziert das eigenständige Kant-Bild des Verfassers und setzt bei den Lesern Grundkenntnisse voraus.

c) Biographien

Karl Vorländer, *Immanuel Kant. Der Mann und das Werk* (1924), Hamburg 1992 und Wiesbaden 2004.
Lange Zeit die Standardbiographie, die alle vorigen überholte; die veränderte Quellenlage machte inzwischen gleichwohl neue Biographien erforderlich.

Schultz, Uwe: *Immanuel Kant in Selbstzeugnissen und Bilddokumenten*, Reinbek 1965, Neuausg. 2003.
Durch zahlreiche Bilder sehr anschauliche Schilderung von Kants Leben; bei der Darstellung der Werke werden umfangreiche Zitationen verwendet.

Arsenij Gulyga, *Immanuel Kant,* übers. und mit einem Nachwort von Sigrun Bielfeldt; neues Vorwort von A. Gulyga, Frankfurt a. M. 1981 und 2004.

Geschrieben für ein breiteres Publikum, konzentriert auf Kants Leben im Sinne der »Geschichte seines Denkens«.

Manfred Kühn, *Kant. Eine Biographie* (dt. Ausg. von *Kant. A Biography*, Cambridge 2001, übers. von M. Pfeiffer, München 2003.

Neu erarbeitet aus den Quellen, konzipiert als »intellektuelle Biographie Kants« und gleichwohl ausführlich in der Darstellung von Kants Lebensweg; philosophisch im besten Sinn des Wortes.

Steffen Dietzsch, *Immanuel Kant. Eine Biographie*, Leipzig 2003.

Vor allem als Korrektur von Heines Diktum konzipiert, Kant habe »weder Leben noch Geschichte« gehabt; so treten seine persönlichen und institutionellen Lebensumstände deutlich hervor.

Manfred Geier, *Kants Welt. Eine Biographie*, Reinbek 2003.

Die »persönlichste« der neuen Kant-Biographien; die enge Verbindung von Leben und Werk wird ebenso verdeutlicht wie die ungebrochene Aktualität von Kants Fragestellungen.

d) Einführungen

Friedrich Kaulbach, Immanuel Kant, Berlin/New York 1969, 2. Aufl. 1988.

Konzentriert auf die Grundprobleme und -strukturen der »kritischen Transzendentalphilosophie« Kants, ihre Herkunft aus der so genannten »vorkritischen« Phase seines Denkens und ihre Weiterführungen im Spätwerk.

Otfried Höffe, *Immanuel Kant*, München 1983, 6. überarb. Aufl. 2004.

Eine inzwischen »klassische« einführende Gesamtdarstellung von Kants Philosophie auf der Basis der berühmten Leitfragen (vgl. B 833), die auch ihre Entwicklungs- und die Wirkungsgeschichte bis in die Gegenwart berücksichtigt.

Jean Grondin, *Kant zur Einführung*, Hamburg 1994, 3. Aufl. 2004.

Orientiert sich an Kants Frage nach der Möglichkeit von Metaphysik und stellt die *Kritik der reinen Vernunft* in den Mittelpunkt.

Volker Gerhardt, *Immanuel Kant. Vernunft und Leben*, Stuttgart 2002.

Problemorientierte Gesamtdarstellung am Leitfaden der um »Was ist der Mensch?« ergänzten Leitfragen (vgl. Log A 25) mit dem Anspruch eines »neuen Zugangs zu Kant«.

Heiner F. Klemme, *Immanuel Kant*, Frankfurt a. M. 2004.

Auch diese Einführung geht von den drei Leitfragen aus, legt aber den Schwerpunkt auf »Was soll ich tun?« und »Was darf ich hoffen?«.

e) Zu einzelnen Werken

Heinrich Ratke, *Systematisches Handlexikon zu Kants Kritik der reinen Vernunft*, Hamburg 1991.

Hans Michael Baumgartner, *Kants »Kritik der reinen Vernunft«. Anleitung zur Lektüre*, Freiburg/München, 5. Aufl. 2002.

Georg Mohr/Markus Willaschek (Hg.), *Immanuel Kant: Kritik der reinen Vernunft*, Berlin 1998.

In der Reihe »Klassiker auslegen« ein kooperativer Kommentar.

Otfried Höffe, *Kants Kritik der reinen Vernunft. Die Grundlegung der modernen Philosophie*, München 2004.

Georg Mohr, *Immanuel Kant: Theoretische Philosophie*, 2 Textbände, 1 Kommentarband, Frankfurt a. M. 2004.

Enthält die Texte A, Prol und die Texte über die Fortschritte in der Metaphysik (1804, hg. von F. T. Rink) sowie einen durchgehenden Kommentar.

Peter Bernhard, *Kants Prolegomena. Eine Lesehilfe*, Wien 2003.

Jens Timmermann (Hg.), *Immanuel Kant: Grundlegung zur Metaphysik der Sitten*, Göttingen 2004.

In der Reihe »Wichtige philosophische Studientexte« Einleitung, Text und Erläuterungen.

Dieter Schönecker/Allen W. Wood (Hg.), *Kants »Grundlegung zur Metaphysik der Sitten«. Ein einführender Kommentar*, Paderborn, 2. Aufl. 2004.

Konstantin Pollok, *Kants Metaphysische Anfangsgründe der Naturwissenschaft. Ein kritischer Kommentar,* Hamburg 2001.

Lewis White Beck, *Kants »Kritik der praktischen Vernunft«. Ein Kommentar*, übers. von K. H. Ilting, München, 3. Aufl. 1995.

Otfried Höffe (Hg.), *Immanuel Kant: Kritik der praktischen Vernunft*, Berlin 2002.

In der Reihe ›Klassiker auslegen‹ ein kooperativer Kommentar.

Giovanni B. Sala, *Kants Kritik der praktischen Vernunft. Ein Kommentar,* Darmstadt 2004.

Ein durchgängiger Textkommentar mit Exkursen zu einzelnen Grundbegriffen.

Klaus Steigleder, *Kants Moralphilosophie. Die Selbstbezüglichkeit reiner praktischer Vernunft*, Stuttgart/Weimar 2002.

Eine systematische Gesamtdarstellung, die alle einschlägigen Schriften berücksichtigt.

Dieter Teichert, *Immanuel Kant: Kritik der Urteilskraft*: Ein einführender Kommentar, Paderborn 1992.

Wolfgang Wieland, *Urteil und Gefühl. Kants Theorie der Urteilskraft*, Göttingen 2001.

Otfried Höffe, *Immanuel Kant: Zum ewigen Frieden*, Berlin, 2. Aufl. 2004.

In der Reihe »Klassiker auslegen« ein Sammelband.

Wolfgang Kersting, *Wohlgeordnete Freiheit. Immanuel Kants Rechts- und Staatsphilosophie* (1984), Neuausg. Weilerswist 2004.

Wolfgang Kersting, *Kant über Recht*, Paderborn 2004.

Otfried Höffe (Hg.), *Immanuel Kant: Metaphysische Anfangsgründe der Rechtslehre*, Berlin 1998.

In der Reihe ›Klassiker auslegen‹ ein kooperativer Kommentar.

Reinhard Brandt, *Ein kritischer Kommentar zu Kants »Anthropologie in pragmatischer Hinsicht« (1798)*, Hamburg 1999.

Reinhard Brandt, *Universität zwischen Selbst- und Fremdbestimmung. Kants »Streit der Fakultäten«. Mit einem Anhang über Heideggers »Rektoratsrede«*, Berlin 2003.

Schlüsselbegriffe

a priori – a posteriori (lat.: vom Früheren her - vom Späteren her) bezieht sich auf die sinnliche Erfahrung: Was a priori ist, ist davon unabhängig und nicht durch sie widerlegbar.

Affektion (von lat. *afficio* – behaften mit …) bezieht sich auf das Bewusstsein, das Einwirkungen durch äußere oder innere Reize erfährt.

Analytik – Dialektik in freier Übernahme der Bezeichnungen der beiden Hauptteile der aristotelischen Logik bestimmt Kant die Analytik als »Logik der Wahrheit« und die Dialektik als »Logik des Scheins«, d. h. als eine Pseudologik.

analytisch – synthetisch ist definiert für Urteile: Analytische Urteile erläutern im Prädikat nur, was im Subjektbegriff schon enthalten ist, während synthetische Urteile dem etwas hinzufügen.

Apperzeption wörtl. die bewusste Wahrnehmung (lat. *perceptio*); ein anderer Ausdruck für das Selbstbewusstsein.

ästhetisch/Ästhetik bei Kant zunächst »die Wahrnehmung (griech. *aísthesis*) betreffend«, in der KU dann als Charakterisierung der Geschmacksurteile.

Dogmatismus – Skeptizismus bezeichnet den Gegensatz zwischen einer philosophischen Haltung, die Lehrsätze (lat. *dogma*) ohne vorangehende kritische Prüfung unserer Erkenntnisvermögen aufstellt, und einer dem entgegengesetzten Position, die im Zustand des ständigen Zweifels (griech. *sképsis*) verharrt.

empirisch – intelligibel betrifft den Unterschied zwischen den Erkenntnisobjekten, die nur durch die Erfahrung (griech. *empeiría*) bzw. nur durch das Denken (lat. *intellectus*) zugänglich sind.

Eudämonismus eine philosophische Position, der zufolge der höchste moralische Wert in der Glückseligkeit (griech. *eudaimonía*) besteht.

Idealismus – Realismus   bei Kant der Gegensatz zwischen der Lehre, dass wir es in der Erkenntnis nur mit unseren Vorstellungen (neulat. *idea*) von den Dingen (lat. *res*) und nicht mit diesen selbst zu tun haben, und der Gegenmeinung.

Idee   Kant wendet sich ausdrücklich gegen den philosophischen Sprachgebrauch seiner Zeit, der die Vorstellungen ›Ideen‹ nennt, und reserviert diesen Ausdruck für die Vernunftbegriffe ›Seele‹, ›Welt‹ und ›Gott‹.

Imperativ   ein Gebot, d. h. ein vorschreibender oder Sollenssatz.

intuitiv – diskursiv   bezieht sich bei Kant auf die Frage, ob wir über unmittelbare geistige Einsichten verfügen oder über solche, die wir nur im Durchgang (lat. *discurro* – auseinander-, hin- und herlaufen) durch einzelne Denkbestimmungen gewinnen können. Kant verneint das Erste; ihm zufolge gibt es keine »intellektuelle Anschauung«.

Kategorie   im Anschluss an Aristoteles, der die grundlegenden Weisen, etwas von etwas auszusagen (griech. *kategoréo* – aussagen), so nennt, verwendet Kant dieses Wort als Bezeichnung der »reinen«, d. h. aller Erfahrung schon zugrunde liegenden Verstandesbegriffe.

kategorisch – hypothetisch   der Unterschied zwischen einfachen Aussagesätzen und den Wenn-dann-Sätzen; bei Imperativen ist dies die Differenz zwischen den unbedingt und den nur unter bestimmten Bedingungen gebietenden Sollenssätzen.

Kausalität   im weiteren Sinn die Verursachung (Kausalität der Natur und Kausalität durch Freiheit), im engeren Sinn die gesetzmäßige Verknüpfung von Ursache und Wirkung in der Erfahrungswelt.

konstitutiv – regulativ   ›Konstitution‹ bedeutet bei Kant die Bestimmung des Unbestimmten, d. h. des sinnlichen Empfindungsmaterials zu Erfahrungsgegenständen; daran sind Raum und Zeit als Anschauungsformen und die Verstandesbegriffe beteiligt. Die Vernunftbegriffe (Ideen) haben dagegen nur eine regulative, mithin die Einzelerfahrungen ordnende, regulierende und organisierende Funktion.

Legalität – Moralität   gemeint ist der Unterschied, ob eine Handlung nur der gesetzlichen Pflicht gemäß ist, oder ob sie »aus Pflicht« geschieht, d. h. aus keinem anderen Grund als der »Achtung fürs Gesetz«.

Metaphysik   ursprünglich die Bezeichnung der Ersten Philosophie des Aristoteles, die das behandelt, was über die Physik hinausgeht (griech. *méta tà physiká*), also die Prinzipien des Seienden als solches und im Allgemeinen; bei Kant ist damit »reine Vernunfterkenntnis aus bloßen Begriffen« (MAN A 7) gemeint, also ein Wissen, das a priori ist und deswegen im Unterschied zum Empirischen den Charakter der Allgemeinheit und strikten Notwendigkeit besitzt.

Phaenomen(on) – Noumenon   bei Kant die Differenz zwischen den Erscheinungen (griech. *phaíno* - scheinen, erscheinen), d. h. den empirischen Gegenständen, und dem Intelligiblen, nur durch die Vernunft (griech. *noûs*) Fassbaren.

Rationalismus – Empirismus   betrifft den Streit, ob die Vernunft (lat. *ratio*) eine selbstständige Quelle von Vorstellungen (*ideae*) und Erkenntnissen ist oder nicht; der Empirist bestreitet dies und versteht das Denken als ein bloßes Operieren mit dem sinnlich Gegebenen.

Synthesis   (griech. *syntíthemi* – zusammensetzen, -legen, -stellen) eine Verknüpfung herstellen; nach Kant die Grundfunktion des Denkens.

Teleologie   die Lehre, der zufolge die Welt durch objektive Zwecke (griech. *télos* – Ende, Ziel, Zweck) organisiert und bestimmt ist.

transzendent – transzendental   wird meist (und gelegentlich von Kant selbst) miteinander verwechselt. Die Grundbedeutung ist ›überschreitend‹ (lat. *trans(s)cendo*). Transzendent ist alles, was in der Erkenntnis über die Grenzen möglicher Erfahrung hinausgeht und darum bloß Pseudoerkenntnis (transzendentalen Schein) erzeugt; als transzendental hingegen bezeichnet Kant die Untersuchung nicht bestimmter Gegenstände der Erkenntnis, sondern unserer Erkenntnisart von Gegenständen, ihrer Möglichkeiten und Grenzen. In diesem Sinne ist die kritische Philosophie ›Transzendentalphilosophie‹.

Zeittafel

1724	Am 22. April wird Immanuel Kant als viertes Kind eines Riemermeisters in Königsberg geboren.
1730–1732	Besuch der Vorstädter Hospitalschule.
1732–1740	Besuch des pietistischen Collegium Fridericianum.
1740–1746	Studium der Philosophie, Mathematik und Naturwissenschaften an der Universität Königsberg. Kant wohnt nicht im Elternhaus und verdient seinen Unterhalt durch Privatstunden.
1746	Erste Veröffentlichung: *Gedanken von der Schätzung der lebendigen Kräfte*; Kant entscheidet sich für die wissenschaftliche Laufbahn.
1746–1755	Hauslehrer bei verschiedenen Familien in Ostpreußen.
1755	Rückkehr an die Universität Königsberg und Promotion zum Magister; Erwerb der Lehrbefugnis als Privatdozent. Seitdem Vorlesungen über verschiedene Gebiete; weitere Veröffentlichungen.
1765	Kant erhält als Unterbibliothekar eine erste feste Anstellung, nachdem er bis dahin nur von Hörergeldern gelebt hat. Eine ihm angebotene Professur für Dichtkunst hatte er 1764 abgelehnt.
1769	Kant lehnt Rufe nach Jena und Erlangen ab.
1770	Berufung auf eine ordentliche Professur für Metaphysik und Logik in Königsberg; aus diesem Anlass die Publikation *De mundi sensibilis atque intelligibilis forma et principiis (Über die Form und die Prinzipien der sinnlichen und geistigen Welt)*. Dann »Jahre des Schweigens«.
1781	*Kritik der reinen Vernunft.*
1783	*Prolegomena zu einer jeden künftigen Metaphysik, die als Wissenschaft wird auftreten können.*
1785	*Grundlegung zur Metaphysik der Sitten.*
1786	*Metaphysische Anfangsgründe der Naturwissenschaft.*
1787	Zweite Auflage der *Kritik der reinen Vernunft*. Kant bezieht zum ersten Mal ein eigenes Haus.

1788	*Kritik der praktischen Vernunft.*
1790	*Kritik der Urteilskraft.*
1793	*Die Religion innerhalb der Grenzen der bloßen Vernunft;* Kant erhält wegen dieser Schrift 1794 Publikationsverbot in »Religionsdingen«.
1795	*Zum ewigen Frieden.*
1796	Ende der Vorlesungstätigkeit; seitdem Arbeit am so genannten *Opus postumum*, in dem es um den Übergang von der Metaphysik der Natur zur Physik geht.
1797	*Metaphysik der Sitten.*
1798	*Der Streit der Fakultäten* und *Anthropologie in pragmatischer Hinsicht.*
1800	*Logik* (hg. von G. B. Jäsche)
1802	*Physische Geographie* (hg. von F. T. Rink)
1804	Nach einem bereits 1799 einsetzenden langsamen Nachlassen seiner körperlichen und geistigen Kräfte und einer ernstlichen Erkrankung im Jahre 1803 stirbt Kant am 12. Februar und wird am 28. Februar feierlich beerdigt.

Grundwissen Philosophie

Grundwissen Philosophie führt zugleich anspruchsvoll und dennoch verständlich in die zentralen Fragestellungen der Philosophie ein. Unterstützt von einem renommierten wissenschaftlichen Beirat vermitteln unsere Autoren gleichermaßen dem philosophisch interessierten allgemeinen Publikum sowie dem Fachpublikum (Schüler, Lehrer, Studenten) fundierte Kenntnisse. In der Reihe erscheinen alle bedeutenden Personen und Sachthemen, die vermittelt oder unmittelbar im Kontext aktueller gesellschaftlicher Fragestellungen eine Rolle spielen. Jeder Band enthält:

Kernthesen
Mit einer problemorientierten Hinführung wird dem Leser Basiswissen für eine weiterführende kritische Auseinandersetzung mit dem jeweiligen Autor / Thema vermittelt.

Schlüsselbegriffe
Zentrale Termini werden noch einmal gesondert dargestellt, um einen schnellen und unkomplizierten Überblick zu ermöglichen.

Zeittafel
Wichtige Lebensdaten und Werke sind hier schnell aufzufinden.

Kommentierte Bibliographie
Weiterführende Literatur wird im Anhang fundiert kommentiert, um dem Leser Orientierung bei der oftmals unübersichtlichen Vielzahl der Literatur zu bieten.

... reihenweise
Wissen

Heiner Hastedt: Sartre
140 Seiten, RBL 20120
€ [D] 9,90 / € [A] 10,20 / sFr 18,10
ISBN 3-379-20120-0

Jean-Paul Sartre, der so bewunderte wie ge-
schmähte Begründer des französischen Existen-
tialismus, der Schriftsteller und streitbare Intellektuelle, wäre am 21. Juni 2005 hundert Jahre alt
geworden.

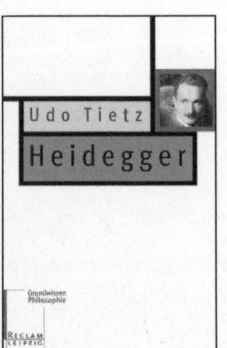

Udo Tietz: Heidegger
168 Seiten, RBL 20117
€ [D] 9,90 / € [A] 10,20 / sFr 18,10
ISBN 3-379-20117-0

Einflussreich, vieldiskutiert und heftig umstritten – der Philosoph, der das Sein wieder ins Zentrum des Denkens rückte.

Dirk Baecker: Kommunikation
120 Seiten, RBL 20119
€ [D] 9,90 / € [A] 10,20 / sFr 18,10
ISBN 3-379-20119-7

Wie ist Kommunikation möglich, wenn die Gedanken eines jeden Menschen in seiner Brust verschlossen sind, fragt die europäische Philosophie seit John Locke. Nur deswegen, weil das so ist, ist Kommunikation möglich, antwortet die moderne Soziologie.

Detlef Horster: Sozialphilosophie
160 Seiten, RBL 20118
€ [D] 9,90 / € [A] 10,20 / sFr 18,10
ISBN 3-379-20118-9

Soziale Wandlungsprozesse erfordern neue Sehweisen von Politik und Kultur, von Individuum und Gesellschaft. Dieses Buch stellt die philosophischen und soziologischen Perspektiven vor, die zur Neuorientierung der menschlichen Gemeinschaft unverzichtbar sind.

Reinhard Mehring: Politische Philosophie
139 Seiten, RBL 20121
€ [D] 9,90 / € [A] 10,20 / sFr 18,10
ISBN 3-379-20121-9

Reinhard Mehring erläutert den systematischen Ansatz Politischer Philosophie, geht ihren literarischen Traditionen nach und beschäftigt sich mit ihren aktuellen Aufgaben.